Scheibler · Schülergeschichten

Peter Scheibler

Schülergeschichten

Das Buch nach dem gleichnamigen Fernsehfilm

Boje-Verlag Stuttgart

81 82 83 84 85 5 4 3 2 1

Gesamtherstellung: Ebner Ulm
Umschlaggestaltung: Franz Neumann
Fotos: Hugo Jehle/Süddeutscher Rundfunk
Printed in Germany · ISBN 3 414 14150 7

Vorwort

Schülergeschichten – das sind Geschichten, in denen erzählt wird, was die Schüler einer 6. Klasse im Verlauf eines Schuljahrs so alles erleben.

Die Schule, in der die Geschichten sich ereignen, das Erich-Kästner-Gymnasium, gibt es in Wirklichkeit natürlich ebensowenig wie die Klasse 6b, von der hier berichtet wird. Aber die Geschichten sind echt; sie haben sich so oder so ähnlich irgendwo zugetragen und werden sich bestimmt immer wieder aufs neue zutragen.

Damit ihr es beim Lesen leichter habt und auch mal zurückblättern könnt, wenn ihr vergessen habt, um welchen „Typ“ es sich bei dem einen oder anderen Schüler handelt, will ich euch die Klasse 6b kurz vorstellen, und zwar dem Alphabet nach – wie sich das in der Schule gehört.

Monika Andert ist ein Mädchen, auf das man sich verlassen kann. Verpetzen würde die einen jedenfalls nicht. Und wenn sie gegen Ende des Schuljahrs auch ein bißchen wie eine Streberin wirkt, heißt das noch lange nicht, daß sie eine wäre. Sie hat nur solche schreckliche Angst davor, ihre Eltern zu enttäuschen.

Petra Bredel betrachtet die Welt mit ihren auffallend großen Augen. Man könnte denken, sie würde ständig träumen, und meistens würde man mit diesem Verdacht sogar richtig liegen. Nur, wovon sie träumt, das ist ihren Augen beim besten Willen nicht abzulesen.

Harald Eilers nimmt das Leben nicht so tragisch, und deshalb kratzt es ihn auch kaum, daß er die 6. Klasse wiederholen muß. Ernst wird es für ihn höchstens, wenn es um die Musik geht, und da zählt für ihn nichts außer Ragtime. Sein Pech ist nur, daß keiner seiner Mitschüler diese Musik leiden mag.

Konstandinos Florakos läßt sich *Konny* nennen und hört auch nur auf diesen Namen. Er spricht Deutsch ohne jeglichen Akzent, das heißt, er spricht nicht, sondern er plappert wie ein Wasserfall, muß zu allem und jedem seinen Kommentar abgeben und hat ansonsten die irrsten Sprüche drauf.

Christian Forg könnte jedesmal in die Luft gehen, wenn es irgendwo im Schulbetrieb ungerecht zugeht. Vielleicht hat er deswegen so etwas „Schwebendes" an sich. Ärgerlich ist allerdings, daß ausgerechnet er dann das Opfer einer Ungerechtigkeit wird.

Bärbel Großmann ist Spezialistin im Lachen, besonders, wenn es darum geht, jemand auszulachen. Und wenn Birgit dann noch in ihrer Nähe ist und sie sich hinter ihr verstecken kann, ist sie so gut wie unschlagbar.

Thomas Heberl sieht nicht nur aus wie ein wohlerzogener Junge, er ist auch einer. Da er ansonsten aber ganz vernünftig und kameradschaftlich ist, trägt man ihm das nicht weiter nach.

Susanne Keffner trägt ihre Nase gern ein bißchen zu hoch, meinen einige ihrer Klassenkameraden. Da es sich dabei ausgerechnet um die Klassenkameraden handelt, die sie für besonders kindisch hält, läßt sich die Wahrheit schwer ergründen.

Oliver Kühne sagt im allgemeinen nur wenig; er äußert sich lieber durch ein eigenartiges Grunzen, das sowohl Zustimmung als auch Ablehnung bedeuten kann. Woran man bei ihm ist, weiß man daher nie so genau.

Michael Kurz feixt viel und denkt sich seinen Teil.

Jan Lüdersen ist grundsätzlich gegen alles; mit einer Einschränkung freilich: sich selbst hält er für ganz passabel.

Birgit Meißner weiß eine ganze Menge. So zum Beispiel, daß sie die Schönste der Klasse ist und die Klügste und natürlich auch die Beliebteste. Was sie nicht weiß, ist, ob diese Meinung von ihren Klassenkameraden geteilt wird. Aber darum schert sie sich ohnehin nicht.

Klaus Neuberg ist ein echter Streber. Er denkt nur an sich und achtet peinlich genau darauf, daß er der Beste ist und bleibt. Aber tut er das nur für sich selbst? Ist er folglich ein echter Streber? Zweifel sind hier angeraten.

Kirsten Richter könnte in ein paar Jahren an einer Schönheitskonkurrenz teilnehmen; aber keine Angst, sie wird nicht, denn dazu hat sie viel zuviel Grips im Kopf. Sie kann tanzen und Klavier spielen wie keiner sonst von ihren Klassenkameraden.

Andreas Roth ist keiner, der sich auf den Zufall verläßt. Er hat es genau nachgerechnet und weiß, daß er sich beeilen muß, wenn er in diesem Leben mit der Weltliteratur zu Rande kommen will. Er nutzt jede freie Minute und liest. Im Augenblick ist er bei den deutschen Klassikern. Der Arme.

Dagmar Sander trägt mit Fassung, und weil sie ihr wirklich gut steht, eine Brille. Ansonsten lacht sie bei jeder Gelegenheit.

Jürgen Schubert hat nur einen Makel: er kann das englische „th" nicht sprechen. Könnte er es, er wäre ein glücklicher Mensch.

Andrea Sörgel hat mindestens zweimal am Tag so ein komisches Gefühl im Bauch, ein unangenehmes Prickeln und Kneifen: einmal, wenn sie morgens zur Schule geht, und dann wieder auf dem Heimweg. Angst ist jedesmal die Ursache dafür; morgens die vor der Schule und mittags die vor ihrer Mutter. Dabei wäre sie liebend gerne ein ausgelassenes und fröhliches Kind.

Bernd Stettner vermeidet es geschickt, besonders in Erscheinung zu treten; er fällt weder positiv noch negativ auf, und wenn er lacht, erkennt man selten auf Anhieb, über wen oder was.

Katrin Wilfer spricht meistens mit einer Stimme, die einen Ton über ihrer natürlichen Tonlage zu liegen scheint, womit sie den Eindruck erweckt, sie würde sich ständig über irgend etwas mächtig aufregen. Aber das ist nur Tarnung: innerlich läßt sie sich nicht so schnell aus der Ruhe bringen.

Das also ist die Klasse 6b. Wie alt die Schüler sind, weiß jeder – um die zwölf, dreizehn. Harald ist der älteste, er ist zu Beginn des Schuljahrs schon vierzehn, während Andrea, die jüngste, erst elf Jahre alt ist.
So, und nun kann es losgehen.

September

Das Erich-Kästner-Gymnasium, müßt ihr euch vorstellen, liegt am Rande der Stadt in einem großen Park mit uralten Bäumen. Das moderne, zweistöckige Gebäude teilt sich in mehrere Flügel auf und umschließt den Pausenhof für die Schüler der Unterstufe. Es ist weitläufig, aber gerade noch überschaubar. Nachmittags könnte man sich hier in eine Oase der Ruhe versetzt fühlen; da wird sogar der ferne Verkehrslärm vom Gezwitscher der Vögel übertönt. In solchen Momenten pflegt Herr Rebele, der Hausmeister der Schule, zufrieden vor sich hin zu lächeln – bis sein Blick auf einen zerbrochenen Lichtschalter fällt oder auf einen mutwillig zerstörten Kartenständer, ein aus seiner Halterung gerissenes Sonnenrollo, auf verschmierte Wände oder bekritzelte Tische. Dann wird ihm mit einem Schlag wieder einmal klar, daß erst nach seiner Pensionierung Ruhe in sein Leben einkehren wird.

Doch wir wollen alles, was mit Ruhe zu tun hat, schleunigst vergessen, denn heute ist der erste Schultag nach den großen Ferien, und in wenigen Minuten wird die gräßliche Schulglocke das neue Schuljahr einläuten. Es herrscht ohrenbetäubender Lärm im Schulhaus. Geht man den Korridor rechts entlang und die Treppe zum ersten Stockwerk hinauf, und hält man sich dann nach links, bis man vor dem Klassenzimmer der 6b steht, könnte man meinen, hier sei es noch eine Idee lauter als im übrigen Gebäude.

Die Klasse ist fast vollzählig versammelt. Einige der Jungen toben herum, raufen, bewerfen sich mit Kreidestücken oder dem Schwamm, lachen, schreien, rufen. Andreas sitzt an seinem Platz und ist ganz in ein Buch vertieft. Aus dem Durcheinander um sich herum scheint er sich ebensowenig zu machen wie Petra, die still an ihrem Platz sitzt und vor sich hinträumt.

Susanne betritt jetzt das Klassenzimmer, weicht den Wurfgeschossen aus und bahnt sich einen Weg zu Dagmar, die am Fenster steht und hinausschaut. „Grüß dich“, sagt Susanne.

Dagmar dreht sich zu ihr um und will den Gruß erwidern. Aber das Wort bleibt ihr im Mund stecken. Sie sieht Susanne groß an und sagt dann endlich: „He, du hast ja eine neue Frisur.“

„Gefällt sie dir?“

„Klasse, ehrlich. Sieht ganz süß aus. Warst du beim Friseur?“

„Nein“, meint Susanne betont lässig, „meine Kusine hat mir gezeigt, wie man das macht. Ich war in den Ferien bei meiner Tante in Überlingen.“

„Ah ja?“

„Wo warst du eigentlich?“

Dagmar sieht ihre Freundin erstaunt an. „Hast du meine Karte nicht bekommen?“ fragt sie dann.

„Ne, hast du mir geschrieben?“

„Klar. Ich war . . .“ Weiter kommt sie nicht, denn Susanne fällt ihr ins Wort: „Sag mal, du hast ja eine neue Brille, seh' ich jetzt erst.“

Dagmar geniert sich ein wenig, denn auf ihre Brille möchte sie nicht so gerne angesprochen werden, und schon gar nicht auf diese neue. „Damit sehe ich ja aus wie eine alte Eule“, hatte sie zu ihrer Mutter gesagt, als sie beim Optiker waren. Sie hätte lieber eine mit kleineren Gläsern ausgewählt, aber ihre Mutter hatte sich schließlich durchgesetzt. „Auf die alte ist der Uli getreten", sagt sie zu Susanne.

„Der Uli?"

„Mein kleiner Bruder."

Susanne nickt und sieht Dagmar prüfend an. „Du, die steht dir aber gut."

Dagmar windet sich. „Ach, ich weiß nicht."

„Doch, die macht dein Gesicht irgendwie . . ." Weiter kommt Susanne nicht, denn in diesem Augenblick wird sie von dem nassen Schwamm getroffen. Mitten ins Gesicht. Schimpfend sieht sie sich um, aber den Attentäter kann sie nicht entdecken. Sie hebt den Schwamm auf und wirft ihn nach vorne. Der Schwamm trifft Konny, der sich in den vordersten mittleren Sitzplätzen breitgemacht hat. Konny schrickt hoch, will sich rächen, aber da stürzen sich Monika und Andrea auf ihn. Beide sind ziemlich wütend.

„Das ist mein Platz, das weißt du ganz genau!" fährt Monika ihn an. Konny hält es für ratsam, die beiden Mädchen gar nicht zur Kenntnis zu nehmen.

„Hau ab, du Blödmann!" mischt Andrea sich jetzt ein und lockt damit aus Konny ein „Selber" hervor.

„Los, mach schon!" drängt Andrea.

„Im neuen Schuljahr kann sich jeder setzen, wie er will", meint Konny gelassen.

„Eben nicht", braust Monika auf.

„Ich will auch mal vorne sitzen", erklärt Konny mit Nachdruck.

Andrea denkt kurz nach und verlegt sich dann aufs Handeln: „Nimm doch einen anderen Platz, sind ja genügend da."

Monika schüttelt den Kopf und raunt Andrea zu: „Traut er sich nicht . . . da sitzen Jungen."

Konny schneidet eine Grimasse, denkt aber nicht daran, den Platz zu räumen. Er beobachtet vielmehr Oliver, der auf allen vieren unter den Bänken zu Andreas kriecht, ohne von ihm bemerkt zu werden. Blitzschnell zieht er Andreas den linken Schuh aus und wirft ihn Bernd zu. Unter großem Gejohle wird der Schuh in der Klasse hin und her geworfen, wandert von einem Jungen zum anderen. Wie ein Rohrspatz schimpfend humpelt Andreas auf einem Bein in der Klasse herum, um seinen Schuh wiederzubekommen. Thomas, der den Schuh schließlich ergattert, hat ein Erbarmen und gibt ihm den Schuh zurück. Andreas zieht ihn maulend und verärgert an und wendet sich wieder seiner Lektüre zu.

Inzwischen ist Christian auf eine andere Idee gekommen. Am Waschbecken vorne füllt er einen kleinen durchsichtigen Plastikbeutel, wie er zum Verpacken des Pausenbrots verwendet wird, mit Wasser und knotet ihn zu. Dann sieht er sich um und ruft: „He, Michael, Reaktionstest!"

Michael sieht sich um. Christian wirft den Plastikbeutel in seine Richtung. Michael fängt ihn geschickt auf. Wie vorher der Schuh von Andreas macht jetzt der Plastikbeutel die Runde. Er wird behandelt wie ein rohes Ei, man wirft und fängt ihn mit äußerster Vorsicht, denn niemand möchte riskieren, daß er platzt. Als Thomas ihn gerade in der Hand hält, öffnet sich die Tür. Birgit kommt ins Klassenzimmer, gefolgt von Katrin und Bärbel.

„He, Birgit! Fang!" ruft Thomas. Er wirft Birgit den Plastikbeutel mit voller Wucht zu.

Birgit, die darauf nicht gefaßt war, reißt reflexartig den

Arm hoch und greift den Beutel, ohne daran zu denken, daß er platzen könnte. Und das tut er denn auch. Die Wucht des Wurfes bewirkt, daß nicht nur Birgit naß wird, sondern auch Katrin und Bärbel etwas abbekommen. Die Mädchen kreischen und schimpfen. Birgit schüttelt den Kopf und sieht Thomas wütend an. „Dumme Sau!“ Dann wendet sie sich ab, um zu ihrem Platz zu gehen.

Dort hat Jan sich niedergelassen. Er sieht Birgit herausfordernd an.

Birgit stellt ihre Mappe neben die Bank. „Daß du es weißt, das ist mein Platz“, meint Birgit gelassen.

„Daß du es weißt, das ist mein Platz!“ äfft Jan sie häßlich nach.

Birgit kümmert sich nicht weiter um ihn. Sie wendet sich Katrin und Bärbel zu. „Ich warte lieber draußen“, sagt sie und fügt nach einem Blick auf Jan hinzu: „Hier stinkt's mir.“ Sie wendet sich um und entdeckt Susanne und Dagmar, die immer noch am Fenster stehen. Birgit sieht mit gerunzelten Brauen zu den beiden hin, bevor sie zur Tür geht. Katrin und Bärbel folgen ihr.

Draußen auf dem Korridor laufen auch Schüler anderer Klassen herum und machen Krach. Birgit, Katrin und Bärbel treten ans Fenster. Katrin, die am meisten abbekommen hat, entfernt mit Papiertaschentüchern die Spuren des Plastikbeutelattentats. „Richtige Säue sind das“, schimpft sie dabei.

„Mach dir nichts draus“, versucht Bärbel sie zu trösten, „die können halt nicht anders.“

„Spinnen herum wie in der fünften Klasse“, meint Birgit. „Bubis, die werden wohl nie älter. Habt ihr die Susanne gesehen?“

„Nee“, antwortet Bärbel, „was ist mit der?“

„Hat ’ne neue Frisur, müßt ihr euch mal anschauen ...“ Birgit kichert abfällig.

„Ist mir gar nicht aufgefallen“, sagt Katrin gerade in dem Augenblick, in dem die Schulglocke zu läuten beginnt. Der Korridor leert sich langsam, und es wird merklich leiser. Die drei Mädchen machen jedoch keine Anstalten, in ihr Klassenzimmer zu gehen.

„Wen wählen wir diesmal zum Klassensprecher?“ fragt Birgit ganz beiläufig.

„Jedenfalls keinen von den Spinnern“, meint Katrin, und Bärbel fügt hinzu: „Die spinnen doch mehr oder weniger alle.“

„Ich hätte schon Lust“, sagt Birgit gedehnt, aber es ist nicht sicher, ob ihre Freundinnen das verstanden haben. Dabei hat sie nicht nur Lust, sie brennt geradezu darauf, in dieses Amt gewählt zu werden, denn dann stünde ein für allemal fest, wie beliebt sie in der Klasse ist. Außerdem könnte sie damit ihrem Vater imponieren, der von Zeit zu Zeit vor ihr prahlt, wie oft man ihn früher zum Klassensprecher gewählt hatte.

„Die Wegener ...“, raunt Bärbel jetzt den beiden Mädchen zu, denn sie hat ganz am Ende des Korridors ihre Klassenlehrerin entdeckt. Birgit und Katrin drehen sich um. Bärbel macht Anstalten, in das Klassenzimmer zu huschen, aber Birgit hält sie auf.

„Du hast doch keine Angst vor der?“ fragt sie großspurig.

Frau Wegener, die von Harald und Klaus begleitet wird, kommt immer näher. Jetzt entdeckt Birgit, daß Klaus die Aktentasche der Lehrerin trägt. Sie grinst frech. Als Frau Wegener die drei Mädchen erreicht, ändert sich Birgits Gesichtsausdruck: sie lächelt und knickst dabei ganz artig. „Guten Tag, Frau Wegener", sagt sie scheinheilig.

„Na, ihr . . .", antwortet Frau Wegener und öffnet die Tür zum Klassenzimmer. Lärm schlägt ihr entgegen. Sie geht ins Zimmer, und es wird tatsächlich etwas leiser.

Birgit wendet sich an Klaus und raunt ihm zu: „Typisch Klaus Neuberg . . ."

Klaus schneidet ihr eine Grimasse.

„Warum kriechst du der nicht gleich hinten rein, alter Schleimer?" will Birgit wissen.

Klaus kümmert sich nicht um sie, sondern geht hocherhobenen Hauptes an ihr vorbei ins Klassenzimmer.

Birgit stellt ihm ein Bein.

Klaus torkelt hinter Frau Wegener her und bemüht sich krampfhaft, sein Gleichgewicht wiederzufinden.

Die Klasse brüllt vor Lachen.

Als Frau Wegener sich umdreht, um die Ursache für die Heiterkeit herauszufinden, hat Klaus sein Gleichgewicht wiedererlangt. Als ob nichts geschehen wäre, bringt er Frau Wegener die Aktentasche zum Pult.

Harald steht etwas verloren vorne an der Tafel. Er sieht sich betont gelangweilt um.

Birgit und ihre Freundinnen gehen zu ihren Plätzen, aber auf Birgits Platz sitzt immer noch Jan. In der Klasse herrscht allgemeine Unruhe. Die meisten Schüler stehen unordentlich herum.

Frau Wegener erhebt ihre Stimme: „Jetzt seid doch bitte mal ruhig!" Es wird etwas leiser. „Guten Morgen", sagt Frau Wegener, und dieser Gruß wird von den meisten Schülern erwidert. „Warum sitzt ihr denn noch nicht?“ will Frau Wegener jetzt wissen.

Sofort entsteht wieder Unruhe, Gestreite und Gerangel um die Plätze.

„Jeder setzt sich auf den Platz, den er in der fünften Klasse hatte!“ ruft Frau Wegener energisch. Die Schüler nehmen diese Anweisung zum Anlaß, unter lautem Gerufe in der Klasse umherzuwandern. Monika streckt Konny, der „seinen“ Platz endlich räumt, die Zunge heraus. Jan muß „seinen“ Platz Birgit überlassen, und er tut das nicht, ohne vorher den Stuhl umzuwerfen.

Frau Wegener sieht dem allem eine Weile mit Gelassenheit zu. Dann ruft sie lächelnd: „Ihr seid ja schlimmer als die Fünftkläßler!“

Ein paar Schüler murren und es wird kaum leiser.

„So, und jetzt seid ihr bitte ganz leise, ja? Und setzt euch endlich.“ Frau Wegener hat ihre ganze Autorität in ihre Stimme gelegt, und nun tritt tatsächlich Ruhe ein. Frau Wegener deutet zu Harald hin. „Ich möchte euch nämlich Harald Eilers vorstellen, euren neuen Mitschüler. Dem hat die 6. Klasse so gut gefallen, daß er sie unbedingt noch mal machen wollte.“

Die Klasse lacht, Harald verdreht verächtlich die Augen.

„Hockenbleiber!“

Es war Jan, der diesen Zwischenruf wagte, und Frau Wegener spricht ihn gleich an: „Mit solchen Bemerkungen würde ich vorsichtig sein. Was, Jan?“ Ohne eine Antwort abzuwarten, wendet sie sich dann wieder an die ganze Klasse: „Ich hoffe, ihr nehmt Harald freundschaftlich in die Klassengemeinschaft auf. Wo setzen wir dich denn am besten hin?

Vielleicht ein bißchen nach vorne, neben Christian? Wenn sich der Jürgen nach hinten setzen würde?"

Jürgen und Christian sehen Frau Wegener entrüstet an. „Wir haben aber schon immer . . .", beginnt Christian, und Jürgen pflichtet ihm bei: „Warum ich . . .?"

Harald deutet zur letzten Bank. „Ich setz' mich da hinten hin."

„Ja, wie du willst."

Jürgen und Christian atmen auf und grinsen sich zufrieden an. Harald geht nach hinten, prüft die Plätze genau und wählt einen am Fenster aus.

Frau Wegener sieht sich währenddessen in der Klasse um. „Ich freue mich, daß ihr alle wieder heil und gesund zurückgekommen seid. Habt ihr euch gut erholt? Erzählt doch mal, wie war's in den Ferien?" Sofort reden die Schüler wild durcheinander. Frau Wegener versucht sie zu dämpfen. „Mein Gott, so kann ich ja überhaupt nichts verstehen! Aber doch nicht alle auf einmal! Wer hat denn etwas besonders Schönes erlebt?"

Einige melden sich, am eifrigsten aber meldet sich Birgit.

„Ja, Birgit?"

„Ich war mit meinem Vater in den Dolomiten, und da hab' ich . . ."

Konny unterbricht sie. „Nur mit deinem Vater?" Er bringt Birgit aus dem Konzept.

„Ja. Also, da haben wir . . ."

Wieder stört Konny sie. „Und deine Mutter?"

Birgit zischt ihm ungehalten zu: „Meine Mutter macht sich nichts aus den Bergen, die war auf Sylt."

„Sylt? Zwielichtig." Konny grinst sie frech an.

Frau Wegener mischt sich jetzt ein: „Konny, würdest du Birgit bitte ausreden lassen?"

„Bitte", sagt Konny und unterstreicht dieses Wort mit einer großzügigen Handbewegung.

„Also, Birgit ..."

Aber Birgit ist eingeschnappt. Hätte ich mich doch nur nicht gemeldet, denkt sie, denn auch ihr war es sonderbar vorgekommen, als ihre Eltern ihr kurz vor den Ferien unterbreiteten, daß sie getrennt verreisen würden, und sie vor die Wahl stellten, entweder mit der Mutter nach Sylt oder mit dem Vater in die Dolomiten zu fahren. Viel Kummer hatte ihr das bereitet, auch wenn sie es sich selbst nicht eingestehen wollte. Und jetzt mußte ausgerechnet dieser Konny den Finger auf die Wunde legen.

„Hab' keine Lust mehr", sagt Birgit traurig und sieht vor sich auf den Tisch.

„Da siehst du, was du angestellt hast", weist Frau Wegener Konny zurecht, „jetzt erfahren wir nicht, was Birgit in den Dolomiten erlebt hat."

Konny zuckt mit den Schultern. Er muß natürlich das letzte Wort haben. „Wird nicht so toll gewesen sein."

„Ach, halt doch deinen Mund", ruft Katrin ihm zu.

Frau Wegener sieht sich in der Klasse um. „Wer möchte denn noch von seinen Ferien erzählen?"

Niemand meldet sich, es ist auffallend still im Klassenzimmer. „Vorhin haben sich doch so viele gemeldet."

Andreas, der bis jetzt in seinem Buch geschmökert hatte, sieht hoch und meldet sich.

„Ja, Andreas?"

„Was haben *Sie* in den Ferien gemacht?"

„Ich?“

Die Schüler sind sofort Feuer und Flamme und ermuntern Frau Wegener durch Zurufe zu erzählen.

„Au ja, erzählen Sie!“

„Da gibt's nicht viel zu erzählen. Ich war mit meinem Mann und meinen Kindern in Spanien . . .“

„Da möcht' ich auch mal hin“, ruft Oliver dazwischen, und Bernd ergänzt: „Sie haben's gut.“

„Und die letzten vierzehn Tage war ich zu Hause und hab' mich auch noch ein bißchen auf das neue Schuljahr vorbereitet.“

„Ehrlich?“ fragt Michael dazwischen.

„Ja. Zum Beispiel hab' ich gestern eure Stundenpläne getippt und abgezogen, damit ihr heute nicht gleich so viel schreiben müßt.“ Sie holt einen Stapel mit Hektographien aus ihrer Mappe.

„Jetzt fängt's wieder an“, seufzt Konny und fügt hinzu: „Zwielichtig.“

„Irgendwann müssen wir ja anfangen“, sagt Frau Wegener lachend. „Wer will austeilen?“

Sofort strecken mehrere Schüler ihre Arme in die Höhe.

„Petra, komm her.“

„Immer dieselben“, mault Jan.

„Und du, Jan, kannst die Zeugnisse einsammeln.“

Petra verteilt die hektographierten Blätter, Jan sammelt die Zeugnisse ein.

Die Schüler lesen den Stundenplan und geben sofort ungeniert ihre Kommentare ab. „Was? Montag gleich sechs Stunden? Turnen jetzt nachmittags? Guck doch richtig hin, nur die Mädchen haben nachmittags Turnen. Zweimal Englisch hintereinander! Mathe auch! Gemeinheit, nur einmal Musik ..."

So recht zufrieden scheint keiner zu sein, und Konny äußert seinen Unmut, indem er einmal mehr sein derzeitiges Lieblingswort in die Klasse ruft: „Zwielichtig!"

Es herrscht ein ziemliches Durcheinander. Frau Wegener erhebt ihre Stimme. „In Erdkunde und Biologie bekommt ihr eine neue Lehrerin, Frau Röder."

„Ach, die alte Röder", brummt Jan.

Frau Wegener rügt: „Jan, bitte!"

„Ist doch wahr", springt Bärbel jetzt Jan bei.

„Ihr kennt Frau Röder doch noch gar nicht. Ihr werdet sehen ... Wartet doch erst mal ab!"

„Zwielichtig ist die!"

„Konstandinos!" fährt Frau Wegener den Zwischenrufer an.

„Ich heiße Konny."

Jetzt wird es Frau Wegener zu bunt. „Ich möchte kein Wort mehr hören! Wer übernimmt das Klassenbuch?" Niemand meldet sich. „Monika? Wie ist es, willst du das nicht wieder machen? Das hast du doch letztes Jahr so schön gemacht, mir wär's lieb."

Monika scheint nicht gerade begeistert zu sein, traut sich aber nicht abzulehnen. „Na gut."

„Und dein Stellvertreter ist wieder Michael?"

„Bloß nicht!"

„Warum nicht?"

„Ich will sowieso nicht", platzt Michael heraus, bevor Monika antwortet: „Der hat sich doch nie drum gekümmert."

Frau Wegener wendet sich an die Klasse. „Also, wer will Monika helfen?"

Andrea meldet sich schüchtern. „Du, Andrea?"

„Ja."

„Ach, guck mal die. Will sich beliebt machen", höhnt Jan.

„So, Jan, und du übernimmst den Tafeldienst."

Jan ärgert sich und braust auf: „Immer ich."

„Geschieht dem Blödmann ganz recht", ruft Bärbel lachend.

Das hätte sie besser nicht tun sollen, denn Frau Wegener mißversteht sie absichtlich. „Das ist aber nett, Bärbel. Du willst Jan helfen?"

„Ich bin doch nicht beschockert", rutscht es Bärbel heraus.

„Vollschockig bist du!" Das war natürlich wieder Konny.

„Damit das klar ist", sagt Frau Wegener laut und deutlich, „Jan und Bärbel sorgen für eine saubere Tafel. Nächste Woche wechseln wir, damit jeder mal drankommt." Sie sieht auf ihre Uhr.

„So, bis zur Bücherausgabe haben wir noch etwas Zeit. Vielleicht könnten wir uns schon mal Gedanken machen über die Klassensprecher. Ich möchte vorschlagen, ihr wählt morgen wieder Dagmar und Christian . . ."

Birgit ist plötzlich hellwach. Das war das Stichwort, auf das sie die ganze Zeit gewartet hatte.

„Immer dieselben", murrt Katrin.

Birgit fügt laut hinzu: „Könnte ja auch mal jemand anderes machen."

„Wer denn zum Beispiel?" fragt Frau Wegener.

Birgit würde am liebsten „Ich!" rufen, aber das traut sie sich nicht. Sie zuckt mit den Schultern und lächelt selbstgefällig vor sich hin. Los, Katrin, sag meinen Namen! denkt sie, aber Katrin scheint auf der Leitung zu stehen.

Statt dessen ruft Konny in die Klasse hinein: „Thomas! Thomas!" Andere Jungen und sogar Susanne fallen in das Gerufe ein.

Thomas wehrt erschrocken mit einer Geste ab.

„Ich sehe schon", sagt Frau Wegener gedehnt und nickt Birgit zu, die sich heftig meldet.

„Ja, Birgit?"

„Können wir die Wahl nicht auf nächste Woche verschieben?"

Frau Wegener will ihr antworten, aber in diesem Augenblick ertönt aus der Lautsprecheranlage eine Stimme: „Klasse 6b zur Bücherausgabe."

Sofort springen einige Schüler johlend auf.

„Langsam, langsam", ruft Frau Wegener. „Seid doch mal still!" Es tritt Ruhe ein. „Na gut, mir soll's recht sein. Die Klassensprecherwahl ist bis auf heute in einer Woche verschoben."

Birgit grinst zufrieden. Bis dahin, denkt sie, werde ich ordentlich Reklame für mich machen. Wär' ja gelacht, wenn ich das nicht schaffe.

Frau Wegener fährt fort: „Und jetzt hört mir bitte genau zu. Wir gehen *leise* zur Bücherausgabe. *Leise,* verstanden? Damit wir die anderen Klassen nicht stören. Und *gehen,* nicht rennen . . ."

Die ersten sind bereits an der Tür. Michael öffnet die Tür, die Klasse drängelt nach draußen. Munter durcheinanderschwätzend gehen die Schüler den Korridor entlang.

Frau Wegener läuft an den Schülern vorbei, um sich an die

Spitze des Zuges zu setzen. Dabei ruft sie mit unterdrückter Stimme immer wieder: „Psst. Leise."

Als sie an Jan vorbeiflitzt, sagt dieser halblaut: „Wer rennt denn da?"

Einige Schüler, die das mitbekommen haben, lachen. Bernd und Oliver gesellen sich zu Harald, der am Schluß geht. „Zu wem hältst 'n du?" will Bernd wissen.

„Was?"

„Na, Fußball. Kickers oder VfB?" erklärt Bernd.

„VfB natürlich", antwortet Harald.

„Klasse, wir auch", freut sich Oliver.

„Hansi Müller", sagt Harald und macht ein paar Schritte, als würde er ein Dribbling veranstalten. Dabei kommt er Jürgen in die Quere und stellt ihm unbeabsichtigt ein Bein, so daß er stolpert.

Jürgen fährt ihn wütend an: „So einer bist du? Traust dich wohl nur an Schwächere?"

Die beiden gehen nebeneinander her und schubsen sich. Aus der Schubserei entsteht eine leichte Keilerei, die von aufmunternden Rufen der Mitschüler begleitet wird.

Frau Wegener hört den Lärm und läuft zurück. „Jürgen! Ihr werdet euch doch nicht gleich am ersten Tag mit dem Harald streiten!"

Jürgen sieht sie betreten an. Ob er etwas erwidert, erfahren wir nicht, denn unsere Aufmerksamkeit wird von einem Ereignis weiter vorne in Anspruch genommen. Dort ist nämlich die Tür eines Klassenzimmers aufgegangen. Ein älterer Lehrer, der wohl von dem Lärm angelockt worden ist, tritt auf den Korridor. Er sieht sich um und stellt fest, daß Frau Wegener weiter hinten mit den Schülern beschäftigt ist. Dann wendet er sich an Thomas, der ihm am nächsten steht, und herrscht ihn an: „Was ist denn das für ein Sauhaufen?! Was macht ihr hier?“

„Wir müssen zur Bücherausgabe“, antwortet Thomas.

„Ohne Aufsicht? Wo ist euer Klassenlehrer?“

Frau Wegener, die beim ersten Wort ihres Kollegen die Untersuchung der Keilerei aufgegeben hatte, kommt angelaufen.

„Frau Wegener! Ich wußte nicht ...“

In diesem Augenblick dringt aus dem Klassenzimmer des älteren Lehrers ohrenbetäubender Lärm.

Frau Wegener sieht ihren Kollegen nur an und zuckt mit den Schultern, als erübrige sich jede Rechtfertigung. Trotzdem sagt der Lehrer mit vorwurfsvoller Stimme: „Sehen Sie! Jetzt fangen die bei mir auch schon an!“

Er geht in seine Klasse zurück und läßt die Tür hinter sich ins Schloß fallen. Durch die Tür kann man ihn laut mit seiner Klasse schimpfen hören.

Frau Wegener lächelt und wendet sich ihren Schülern zu. „Jetzt aber ganz leise. Vorwärts, los mit euch!“

Die Klasse geht weiter und ist etwas braver als zuvor. Es geht noch einen Korridor entlang und eine Treppe hinab, am Schalter von Herrn Rebele vorbei, und dann stehen die ersten auch schon vor der Tür, die zur Bücherausgabe führt. Bärbel öffnet, die Schüler, die nach ihr kommen, stoßen sie in den Raum.

Dort wird sie von Herrn Kolb, einem älteren Lehrer, angeherrscht: „Was wollt ihr denn?“

„Klasse 6b. Wir sollen unsere Bücher holen“, erwidert Bärbel.

„Wartet, bis ich euch rufe!"

Bärbel drängelt sich zurück und die Tür zur Bücherausgabe wird von innen geschlossen.

Frau Wegener kommt jetzt heran. „So, jetzt stellt euch bitte mal in einer Reihe auf, immer zwei nebeneinander."

Man kommt langsam und murrend ihrer Aufforderung nach. Dabei ergibt es sich, daß Harald ziemlich am Anfang der Reihe zu stehen kommt. Kurz darauf öffnet sich die Tür der Bücherausgabe wieder. Schüler einer 7. Klasse strömen heraus und schleppen Bücherstapel.

Einer der Siebtkläßler entdeckt Harald. „He, Harald, wie geht's?"

Harald schämt sich, daß sein ehemaliger Klassenkamerad ihn erkannt hat, und schaut zur Seite. Ausgerechnet jetzt müssen die vorbeikommen, denkt er, mir bleibt aber auch nichts erspart.

Inzwischen haben ihn noch andere aus seiner ehemaligen Klasse gesehen. Sie gehen an ihm vorbei und frotzeln: „Sitzenbleiber, Zeitvertreiber. Na, wie fühlt man sich unter den Kleinen?" Manche grinsen ihn auch nur anzüglich an, einige Mädchen kichern albern.

Harald windet sich und ist heilfroh, als die Klasse endlich fort ist. Jetzt kommt auch das Signal für die 6b, und die Schüler stürzen in den Raum.

Hinter den Tischen, die zu einer Art Theke zusammengestellt sind, sitzen ein älterer Schüler und eine Schülerin, die für die Bücherausgabe verantwortlich sind. Im Hintergrund des tristen, neonbeleuchteten Raums stehen Regale, in denen unzählige Bücher gestapelt sind. Vor der Theke entsteht jetzt ein Gedränge. Jeder will als erster die Bücher erhalten.

Der ältere Schüler fährt sie an: „Spinnt ihr? Zurück, los! Ihr werdet einzeln aufgerufen, dem Alphabet nach."

„Und seid leise, sonst verpaßt ihr euren Aufruf", ergänzt Herr Kolb. Es wird zwar etwas leiser, aber das Gedränge hält an.

Der ältere Schüler schüttelt den Kopf. „Habt ihr es so eilig mit den Büchern? Schön blöd. Solange ihr keine habt, kriegt ihr doch keine Hausaufgaben."

Das schlimmste Gedränge hört jetzt auf, und Herr Kolb, der einen Karteikasten hervorgeholt hat, beginnt mit dem Aufrufen. „Andert, Monika!"

Monika, die weiter hinten steht, zwängt sich nach vorne und nimmt ihre Bücher in Empfang. Als sie zurückkommt, winkt Frau Wegener ihr zu. „Monika, komm, stell dich hier bei mir auf."

Monika geht zu ihr, und Frau Wegener wendet sich an die übrigen Schüler. „Wer seine Bücher hat, stellt sich hierher, hinter Monika."

Die Bücherausgabe geht reibungslos weiter, bis Konny an der Reihe ist und Herr Kolb ihn aufruft. „Florakos, Konstandinos!"

Konny geht zur Theke. „Ich heiße Konny."

„Hier steht aber Konstandinos."

„Ist mir doch egal. Sehen Sie, so heiße ich."

Konny unterschreibt die Empfangsbestätigung mit seinem abgekürzten Namen.

Herr Kolb verliert das Interesse an ihm. „Wenn es dir Spaß macht."

„Ja, es macht mir Spaß." Konny nimmt seine Bücher und gesellt sich zu seinen wartenden Klassenkameraden.

Harald spricht ihn an. „Warum heißt'n du so komisch?"

„Warum, warum", empört Konny sich. „Weil meine Eltern Griechen sind. Und ich heiße nicht komisch, sondern Konny, verstanden?"

Harald zuckt mit den Schultern und wendet sich ab. Er sieht Birgit und Katrin, die sich unterhalten, und versucht, ihr Gespräch zu belauschen.

„Warum hast du vorhin nicht weitererzählt?" fragt Katrin gerade.

„Wenn der Blödmann immer dazwischenquatscht ... Außerdem, so lustig war es gar nicht."

„Wenn wir verreisen, dann immer zusammen", sagt Katrin. Mein Gott, jetzt fängt die auch schon damit an, denkt Birgit und stellt sich dumm: „Wie meinst du das?"

„Na ja, weil deine Eltern doch getrennt verreist sind."

Birgit sieht sie eine Weile zornig an und sucht fieberhaft nach einer passenden Antwort. Verdammt, was hatte Mama gesagt, als ich sie dasselbe fragte, denkt Birgit, und schon fällt es ihr wieder ein. Sie sieht Katrin überheblich an und platzt heraus: „Na und? Was ist schon dabei? Wir hocken uns das ganze Jahr über auf der Pelle, da müssen wir nicht auch noch in den Ferien ... und außerdem, was geht's dich an?"

„Ist ja schon gut", versucht Katrin sie zu beruhigen. Es tut ihr leid, daß sie mit ihrer Frage offensichtlich in ein Fettnäpfchen getreten ist.

Zum Glück kommt jetzt der rettende Aufruf von Herrn Kolb.

„Meißner, Birgit!"

„Ja, hier."

Birgit läßt Katrin einfach stehen und geht zur Theke. Der

ältere Schüler schiebt ihr einen Stapel alter, zerfledderter Bücher zu. Birgit sieht ihn wütend an. „Die nehm' ich nicht, die Drecklappen."

„Hör mal", sagt Herr Kolb daraufhin, „jeder nimmt die Bücher, die er zugeteilt kriegt. Die hier sind für dich eingetragen."

Birgit zögert noch und überlegt, ob sie die Bücher wirklich annehmen soll.

Da mischt sich Jürgen ein. Er spricht sehr geziert. „Das vornehme Fräulein wünscht nur druckfrische Bücher. Die essen nämlich zu Hause mit goldenem Besteck."

Die Umstehenden lachen.

Birgit mustert Jürgen von oben herab. „Du bist doch das letzte Rindvieh." Birgit beachtet ihn nicht weiter, nimmt angewidert ihre Bücher und reiht sich unter die wartenden Schüler ein.

„Hallo, mal herhören", ruft Frau Wegener, „ihr wißt sicher noch vom letzten Jahr, daß die Bücher alle eingebunden werden müssen. Vergeßt's bitte nicht."

Einen Tag später – die Schüler haben ihre Bücher inzwischen hoffentlich längst eingebunden – treffen wir sie im Pausenhof an. Harald, Oliver, Thomas, Christian und Konny spielen Fangen, und im Eifer des Gefechts kommt Christian Harald aus Versehen in die Quere. Die beiden Jungen stolpern und fallen hin.

Kaum haben sie sich wieder aufgerappelt, schnauzt Christian Harald an: „Paß gefälligst auf, alter Depp!"

„Wie meinst du denn das?"

„Komm nur her, wenn du was willst!"

Harald zögert.

„Traust dich nicht? Feigling!" reizt Christian ihn.

Harald stürzt sich auf Christian; die beiden ringen miteinander. Christian nimmt Harald in den Schwitzkasten, Harald kann sich befreien und nimmt nun seinerseits Christian in den Schwitzkasten und zwingt ihn zu Boden.

Aus sicherer Entfernung beobachten Birgit, Bärbel, Katrin, Monika und Andrea das Treiben der Jungen.

Birgit schaut jetzt demonstrativ weg. „Mein Gott, sind die kindisch!"

„Kann man wohl sagen", bestätigt Katrin.

„Habt ihr den Christian gesehen?" will Birgit wissen. Die Mädchen nicken eifrig.

„Wie ein Hampelmann", sagt Bärbel.

„Genau", pflichtet Katrin ihr bei.

„Wenn ich denke, daß der wieder Klassensprecher wird", sinniert Birgit.

„Wieso?" fragt Andrea harmlos. „Die Wahl ist erst nächste Woche."

„Na und?" wendet Birgit ein. „Wo die Wegener gesagt hat, sie will die alten Klassensprecher wiederhaben, glaubst du, da traut sich einer, jemand anderes zu wählen?"

„Ich schon", behauptet Bärbel keck.

„Aber wen denn?" gibt Monika zu bedenken.

Katrin sieht Birgit an. „Warum läßt du dich eigentlich nicht aufstellen?"

Na endlich ist der Groschen gefallen, denkt Birgit, war aber auch höchste Zeit. Laut sagt sie nach einer Kunstpause: „Bin doch nicht bescheuert, nachher wählt mich keiner, und alle lachen mich aus."

„Ich würde dich bestimmt wählen", sagt Katrin mit Überzeugung.

„Ich auch", bestätigt Bärbel.

Birgit, Katrin und Bärbel sehen Monika und Andrea an, die sich noch nicht dazu geäußert haben.

Monika sagt leise: „Meine Stimme kriegst du auch."

„Wen sollte ich sonst wählen?" beeilt sich jetzt Andrea zu sagen.

Birgit tut plötzlich, als sei ihr das alles völlig schnuppe. Sie zuckt mit den Schultern. „Ich weiß noch nicht ..." Ein triumphierendes Grinsen kann sie freilich nicht ganz unterdrücken.

Der Unterricht geht weiter, die 6b hat Biologie. Im Biologiesaal herrscht Unruhe. Frau Röder steht mit dem Rücken zur Klasse an der Tafel und schreibt ihren Namen. Den Vornamen kürzt sie ab. „A." steht da nur, und die Schüler rätseln, was das bedeuten könnte.

„A wie Aphrodite", läßt Konny sich vernehmen, aber es stehen auch noch andere Vermutungen im Raum, und wer die anstellt, ist nicht so genau auszumachen.

„A wie Arschloch."

„Oder A wie Adelheid."

„Dann schon besser Adelgunde."

Frau Röder scheint von alledem nichts mitzubekommen. Lächelnd dreht sie sich um und deutet an die Tafel. „So, das bin ich." Sie geht um den großen Experimentiertisch herum und nimmt einen Stapel hektographierter Blätter auf. „Jeder von euch bekommt zwei Fragebogen. Einen für Biologie und einen für Erdkunde."

„Wir haben aber jetzt Bio", wendet Konny ein.

„Gleich in der ersten Stunde einen Test, so eine Gemeinheit!" regt Bärbel sich auf. Andere Schüler stimmen ihr zu, und es wird ziemlich unruhig in der Klasse.

„Ruhe! Absolute Ruhe!" brüllt Frau Röder, und es wird augenblicklich still. Frau Röder verteilt die Fragebogen. Sie fängt bei der vordersten Bankreihe an und geht nach hinten die Stufen empor.

„Es ist in eurem Interesse, die Fragen so gut und vollständig zu beantworten, wie ihr nur könnt. Ach ja, ich lege großen Wert auf saubere und lesbare Schrift."

Sie ist mit dem Austeilen fertig und geht wieder zum Experimentiertisch zurück. Die Schüler haben inzwischen damit begonnen, die Fragebogen zu lesen, und jetzt werden auch schon die ersten Protestrufe laut.

„Das hatten wir ja noch gar nicht!" ruft Michael, und Andreas meint: „Völlig unbekannter Stoff."

„Das darf die gar nicht abfragen", ergänzt Konny.

Frau Röder bleibt stehen und herrscht die Klasse an: „Ihr seid ganz still! Keinen Mucks mehr! Jeder schaut auf sein Blatt!"

Tatsächlich tritt Stille ein. Frau Röder schickt sich an, hinter den Experimentiertisch zu gehen. Dabei muß sie der Klasse für ein paar Sekunden den Rücken zukehren. Diese Gelegenheit läßt Jan sich nicht entgehen. In die Stille hinein sagt er laut und deutlich: „Keine ist blöder als die ..." Frau Röder kann diesen unvollständig bleibenden Spruch beim besten Willen nicht überhören. Sie bleibt wie angewurzelt stehen. Den Schülern verschlägt es eine Schrecksekunde lang den Atem. Dann fängt ein unterdrücktes Gekicher an.

Frau Röder dreht sich blitzschnell um und sieht Klaus grinsen. Sie deutet auf ihn und fährt ihn an: „Das warst du! Ich hab' es gesehen!"

Klaus wird verlegen und druckst herum: „Nein, ich . . ."

„Steh gefälligst auf, wenn ich mit dir rede! Wie heißt du?"

Klaus erhebt sich. „Klaus Neuberg."

„Aha. Und jetzt wiederholst du, was du eben gesagt hast!"

„Ich hab' wirklich nichts . . . Ich war das nicht . . . Ich würde nie . . ." stottert Klaus.

„So? Wer war es dann?"

Birgit meldet sich.

„Du?"

„Nein, ich wollte etwas anderes sagen."

„Was?"

„Das ist doch alles nur, weil . . ."

„Ja?"

„. . . die Klasse glaubt, Sie würden einen Test schreiben."

„Quatsch. Das ist kein Test. Ich will wissen, wie weit ihr im Stoff gekommen seid."

„Ja, ich weiß", sagt Birgit altklug, „aber die anderen dachten, wie gesagt."

„Na gut. Danke, daß du das geklärt hast. Wie heißt du?"

„Birgit Meißner."

„Bist du Klassensprecherin?"

„Nein. Obwohl . . ." Sie sieht anzüglich zu Christian hinüber, um ihm anzudeuten, daß es eigentlich seine Aufgabe gewesen wäre, die Angelegenheit zu klären. Innerlich aber jubelt sie. Wenn das so weitergeht, denkt sie, bin ich so gut wie gewählt.

Frau Röder wendet sich nun an die Klasse: „Das nächste

Mal, wenn wieder so eine Unverschämtheit vorkommt, werde ich hart durchgreifen. Und jetzt füllt die Fragebogen aus. Eure Namen müßt ihr nicht draufschreiben."

In der Mathematikstunde ist Birgits Platz leer, aber das scheint keinem aufzufallen. Herr Doktor Keiper, der Mathelehrer, steht an der Tafel, die mit Bruchrechnungen vollgeschrieben ist. In der Klasse herrscht Unruhe und Dr. Keiper ist ziemlich ungehalten.

„Ist das denn so schwer? Das haben wir doch alles schon mal durchgenommen, in der fünften Klasse. Ein Bruch wird durch eine natürliche Zahl dividiert, indem man entweder den Zähler durch die Zahl dividiert und den Nenner beibehält oder den Nenner mit der Zahl multipliziert und den Zähler beibehält . . ."

„Wie, was, wo?" fragt Jan erstaunt.

Jürgen wendet sich an Christian: „Kapierst du das?"

„Keinen Schimmer"

„Ist ja kriminell."

„Jürgen, Christian, was habt ihr da zu schwätzen?" herrscht Keiper sie an.

„Wir begreifen das nicht", erklärt Christian.

„Mein Gott, seid ihr unterbelichtet. Hat das noch jemand nicht begriffen?"

Die ganze Klasse meldet sich johlend.

Keiper ist wütend. „Ihr habt vielleicht Zwergenhirne. Das versteht ja schon mein Sohn. Und der ist erst drei Jahre alt."

„Ein Wunderkind", wirft Jan ein.

Konny pflichtet ihm bei: „Kein Wunder."

Keiper dreht sich zur Tafel um und schreibt an, während er

spricht: „Ist doch ganz einfach. A be-tel dividiert durch c ist gleich c be-tel, beziehungsweise a be-tel dividiert durch c ist gleich a durch b mal c . . ."

Er hat damit eher noch mehr Verwirrung gestiftet. Die Unruhe in der Klasse wächst.

„Ein Beispiel . . .", sagt Keiper laut und drückt beim Schreiben fester als nötig auf die Kreide.

„Acht Siebzehntel dividiert durch zwei ist gleich vier Siebzehntel, denn vier Siebzehntel multipliziert mit zwei ist gleich acht Sieb . . ." Die Kreide bricht quietschend ab und Keiper verstummt.

Auf diesen Augenblick hat Bärbel gelauert. Sie zerreißt in dem Moment ein Stück Stoff, in dem Keiper sich nach der Kreide bückt. Keiper reagiert erschrocken.

Die Klasse lacht.

Keiper richtet sich langsam wieder auf und ist ängstlich darauf bedacht, sich nicht umzudrehen. Er geht zum Pult und setzt sich. „Hoffentlich habt ihr jetzt begriffen."

„Nein", meint Konny.

„Ich auch nicht", ruft Dagmar.

„Birgit, komm nach vorne an die Tafel", befiehlt Keiper, aber nichts rührt sich, denn Birgit ist ja nicht da.

„Fehlt", ruft Katrin.

„Wo ist sie denn?"

„Keine Ahnung", antwortet Katrin schnippisch.

Bernd fügt hinzu: „Letzte Stunde war sie noch da."

„Herrschaften", brüllt Keiper jetzt los, „so geht das nicht, daß jeder einfach kommt und geht, wann er will!"

„Uns müssen Sie das nicht sagen", murmelt Andreas, „wir sind ja da."

„Spiel dich nur nicht so auf, Andreas. Dann kommst du eben nach vorne."

Andreas erhebt sich schwerfällig. „Wenn's unbedingt sein muß."

In dem Augenblick geht die Tür auf und Birgit kommt herein. „Entschuldigung, Herr Doktor Keiper", sagt sie artig und huscht an ihren Platz.

Andreas setzt sich wieder, denn die Aufmerksamkeit von Dr. Keiper gilt jetzt ausschließlich Birgit. „Wo kommst du jetzt her?"

„Ich hatte noch was zu erledigen", sagt Birgit obenhin.

„Das ist keine Antwort, Birgit!"

„Aber ich hab' mich doch entschuldigt."

Keiper will aufstehen und zu Birgit gehen, besinnt sich aber auf seine vermeintlich zerrissene Hose und bleibt hinter dem schützenden Lehrertisch sitzen.

„Würdest du die Güte haben und dein Mathematikbuch hervorholen?"

„Ich war gerade dabei." Birgit holt ein funkelnagelneues Buch hervor, das nicht eingebunden ist.

Keiper bemerkt das sofort und brüllt: „Dein Buch ist nicht eingebunden! Dafür bekommst du einen Ordnungsstrich."

Er holt sein Notenbuch hervor. Birgit leert ihre Mappe aus und legt ihre Bücher auf den Tisch: alle funkelnagelneu.

Ihre Klassenkameraden sehen erstaunt zu ihr hin.

„Keins meiner Bücher ist eingebunden", sagt sie mit der größten Selbstverständlichkeit der Welt.

Keiper verschlägt es die Sprache. „Also, das ist allerhand! Dafür bekommst du einen Verweis." Er schlägt das Klassenbuch auf.

„Wieso denn?" wendet Birgit ein. „Ihr Buch ist ja auch nicht eingebunden."

Keiper sieht sie böse an, bevor er explodiert: „Eine bodenlose Unverschämtheit ist das! Mein Buch gehört mir, verstehst du, das ist mein Eigentum! Deine Bücher aber gehören ..."

„Meine Bücher gehören mir", unterbricht Birgit ihn. „Sie sind mein Eigentum. Alle. Die Bücher von der Schule habe ich gerade zurückgegeben. Deshalb die Verspätung."

Keiper sieht sie mißbilligend an.

„Eine blöde Angeberin ist das", meint Konny schließlich.

„Die haben's ja. Mußte sie mal wieder zeigen", raunt Susanne der Dagmar zu.

Dagmar nickt. „Bloß weil ihre Bücher nicht ganz frisch waren. Richtig doof."

„So, Ruhe jetzt!" ruft Keiper. „Fangen wir noch mal von vorne an ..."

Aber dazu kommt er nicht mehr, denn die Schulglocke verkündet das Ende der Stunde. Keiper läßt die Schüler aus dem Klassenzimmer gehen, bevor er sich selbst anschickt, den Raum zu verlassen.

Bärbel tuschelt mit Katrin und Birgit.

Die drei Mädchen kichern und sehen dabei zu Keiper hin. Keiper scheucht sie aus dem Raum. Dann faßt er sich an den Hosenboden und stellt fest, daß die Hose gar nicht zerrissen ist. Verärgert schüttelt er den Kopf.

Draußen auf dem Korridor trifft Birgit mit ihrer Clique auf Susanne und Dagmar. Birgit mustert Susanne.

„Hast 'ne neue Frisur, hab' ich neulich schon gesehen."

„Ja, und?"

„Die steht dir aber gar nicht."

Susanne zuckt mit den Schultern. „Geschmackssache."

„Du bist vielleicht blöd", mischt Dagmar sich ein. „Natürlich steht sie ihr."

„Halt du dich doch da raus, Brillenschlange", gibt Katrin ihr zurück.

Susanne wendet sich Birgit zu. „Übrigens, Birgit, das mit den Büchern vorhin, das war ganz mies."

„Geht dich doch nichts an."

Susanne will etwas erwidern, aber Dagmar nimmt sie am Arm und zieht sie mit sich. „Laß die doch. Ist und bleibt ein Protzekind ..."

Birgit sieht den beiden sich entfernenden Mädchen wütend nach. Die werden mir bei der Klassensprecherwahl ihre Stimme sicher nicht geben, denkt sie und murmelt vor sich hin: „Pah, auf die bin ich gottseidank nicht angewiesen."

In der Klasse ist es ziemlich leise, was darauf schließen läßt, daß es sich bei Frau Grauf, die vorne auf dem Pult sitzt und aus dem Englischbuch vorliest, um eine Lehrkraft handelt, die sich durchsetzen kann. Hinten im Klassenzimmer sitzt auf einem Stuhl eine junge Frau. Es ist Fräulein Lettner, die Referendarin. Frau Grauf liest mit melodischer Stimme vor und betont dabei die englische Aussprache. Als sie mit dem Abschnitt fertig ist, sieht sie von ihrem Buch hoch. „So, wer möchte mit dem Vorlesen beginnen?" Sie sieht sich in der Klasse um und wiederholt ihre Frage auf englisch. „Who wants to read now?"

Ein paar Schüler melden sich, einige schnalzen sogar mit

den Fingern, aber für die interessiert sich Frau Grauf nicht. Sie späht vielmehr nach denjenigen aus, die sich drücken wollen und sich daher ängstlich bemühen, nicht aufzufallen. Wie zum Beispiel Jürgen.

Hoffentlich nimmt sie mich nicht dran, denkt Jürgen und duckt sich noch ein bißchen mehr hinter dem Rücken seines Vordermanns.

Aber da läßt Frau Graufs Stimme ihn schon zusammenschrecken: „Na, Jürgen, wie wär's?"

Jürgen seufzt gottergeben auf und beginnt stockend zu lesen. Die Schwierigkeiten, die er mit dem englischen „th" hat, lassen sich kaum überhören.

Frau Grauf unterbricht ihn sofort. „Nein, nein, nein, Jürgen. They ... with ... weather ..." Sie betont das „th" überdeutlich, ein paar Schüler machen es ihr nach. „Pst!" ruft Frau Grauf. „Fang noch mal an, Jürgen."

„They were ..." beginnt Jürgen und wird auf der Stelle unterbrochen. „Nein! They, they, they. Los, noch mal!"

„They ...", wispert Jürgen tonlos.

Frau Grauf tut, als sei sie verzweifelt. Ärgerlich schüttelt sie den Kopf. „Nein! Hör auf! Du sollst zu Hause üben, hab' ich dir gesagt."

„Ich übe jeden Tag", sagt Jürgen kleinlaut und denkt verzweifelt: Warum hab' ich nur solche Angst vor der Frau Grauf? Zu Hause kann ich doch auch fließend lesen, ohne Fehler zu machen. Aber da werd' ich ja auch nicht immer gleich unterbrochen.

Frau Grauf hat sich über Jürgens Kopf hinweg an Fräulein Lettner gewandt. „Sehen Sie, Fräulein Lettner, das ist mein Problemfall. Sie können sich gar nicht vorstellen, wieviel

Energie ich bereits in den gesteckt habe. Wenn es Sie interessiert, kann ich Ihnen mal meine Aufzeichnungen darüber zeigen."

Fräulein Lettner nickt interessiert, während es in der Klasse zu brodeln beginnt: So eine Gemeinheit, den Jürgen vor der ganzen Klasse und vor der Fremden derart bloßzustellen!

Jürgen würde sich am liebsten verkriechen, so schämt er sich. Christian legt beruhigend seine Hand auf den Arm seines Banknachbarn und murrt leise: „Wenn Sie auch immer auf ihm rumhacken."

Frau Grauf hat ihn sehr gut verstanden, trotzdem fragt sie: „Hast du was gesagt, Christian?"

„Nö, nur laut gedacht."

Frau Grauf läßt es damit bewenden. Sie spricht Dagmar an: „Now, Dagmar, go on, please ..."

Dagmar beginnt zu lesen. Ihre Aussprache klingt verdächtig nach Oxford-Englisch. Frau Grauf strahlt über das ganze Gesicht.

Die Jungen haben in der Turnhalle Sportunterricht. Thomas und Harald sollen zwei Korbball-Mannschaften bilden. Die Jungen sehen erwartungsvoll zu den beiden Mannschaftsführern hin, denn es ist eine Ehre, möglichst bald gewählt zu werden, und eine Schande, als letzter übrigzubleiben.

Dieses Los trifft schließlich Christian, und Herr Schmidt, der Sportlehrer, macht darauf aufmerksam. „Christian ist noch da!"

„Den könnt ihr haben", ruft Thomas Harald zu, „wir gewinnen sowieso."

Christian gesellt sich zu Haralds Mannschaft. „Mach die Fliege!“ sagt Harald verächtlich.

Christian weiß nun überhaupt nicht, was er anfangen soll.

Thomas tut Christian leid. „Du bist Ersatzmann“, ruft er ihm zu. „Falls jemand ausfällt.“

Christian ist froh über diese Ausrede. Er setzt sich auf eine Bank am Spielfeldrand.

„Welche Mannschaft spielt ohne Hemden?“ fragt Herr Schmidt.

„Meine natürlich“, ruft Harald. Die Jungen seiner Mannschaft ziehen sich die Hemden aus, und schon kann das Spiel beginnen.

Thomas, das erweist sich sehr schnell, ist eindeutig der beste Spieler auf dem Platz. Harald möchte mit Kraft ersetzen, was ihm an Geschicklichkeit fehlt, und dabei unterlaufen ihm viele überflüssige Fouls. Herr Schmidt muß das Spiel mehrmals unterbrechen. Er zeigt Harald zur Warnung die gelbe Karte und droht mit der roten, mit dem Verweis vom Spielfeld.

Draußen auf dem Pausenhof sitzen schon seit einer ganzen Weile Katrin und Bärbel. Durch die große Glasscheibe verfolgen sie gebannt das Spiel der Jungen in der Turnhalle. Birgit schlendert zu ihnen, um zu sehen, wofür ihre Freundinnen sich so interessieren. „Wie die Schimpansen im Zoo“, sagt sie dann. Die beiden lachen pflichtschuldig mit. Gleich darauf werden sie wieder ganz von dem Spiel gefangengenommen.

Als Thomas den Ball ergattert, mehrere gegnerische Spieler austrickst und nach vorne stürmt, brüllen die beiden Mädchen aufgeregt: „Thomas! Thomas! Thomas!“

Thomas springt hoch, reckt sich und wirft den Ball zielsicher in den Korb.

„Tor! Tor! Tor!“ schreien Bärbel und Katrin auf.

Birgit sieht sie scheel an. „Blöde Gänse.“

„Was?“ fragt Katrin.

„Ach, nichts“, sagt Birgit. „Außerdem heißt das nicht Tor.“

„Wie denn?“ will Katrin wissen.

„Was weiß ich? Korb vielleicht?“

In der Turnhalle wird es schon wieder spannend. Katrin und Bärbel lassen Birgit links liegen. Sie haben nur noch Augen für das Spiel, genauer gesagt: für den fabelhaften Thomas. Sie merken nicht einmal, daß Birgit sich beleidigt abwendet und davonschlendert.

Heute ist der entscheidende Tag, heute werden die Klassensprecher gewählt!

Birgit kommt mit dem Rad zur Schule. Mit einem teuren Rad, das eine hervorragende Gangschaltung besitzt und auch sonst mit allen Schikanen ausgestattet ist.

Thomas biegt in einiger Entfernung aus einer Nebenstraße ein, ohne Birgit zu sehen.

Birgit strengt sich an, tritt kraftvoll in die Pedale, holt Thomas ein und überholt ihn. „Lahmarsch, Lahmarsch!“ ruft sie ihm ausgelassen zu.

Thomas beschleunigt ebenfalls, und es entsteht ein regelrechtes Wettrennen. Thomas kann Birgits Vorsprung nicht mehr aufholen, und Birgit freut sich mächtig darüber, daß sie als erste den Fahrradkeller der Schule erreicht.

Ein gutes Zeichen, denkt sie. Das Wettrennen hab’ ich gewonnen, da werde ich die Klassensprecherwahl erst recht gewinnen. Ganz so sicher scheint Birgit sich aber nicht zu sein, denn später, im Kunstunterricht bei Herrn Lankes, betreibt sie flüsternd Wahlpropaganda für sich und versucht, die unsicheren Kandidaten auf sich einzuschwören. „Ihr bleibt doch dabei?“ fragt sie Monika und Andrea.

„Wobei?“ will Monika wissen.

„Ihr habt mir versprochen, mich zu wählen.“

„Versprochen nicht“, schränkt Andrea ein.

„Aber ihr wählt mich doch?“

„Vielleicht wähl' ich überhaupt nicht“, meint Monika träge.

„Komm, kneifen gilt nicht. Also?“

Monika zuckt mit den Schultern. Andrea nickt vage mit dem Kopf.

„Ich verlaß' mich auf euch“, sagt Birgit eindringlich.

Dann ist es endlich soweit! Zwei Wahlgänge müssen durchgeführt werden, und nur die vier Schüler, die im ersten die meisten Stimmen erhalten haben, bekommen im zweiten eine Chance.

Der erste Wahlgang ist gerade abgeschlossen, und mit Spannung wartet die Klasse auf das Ergebnis, das die beiden Wahlleiter, Klaus und Andreas, jetzt verkünden sollen.

Andreas nickt Klaus zu. „Sag du es.“

„Nein, du.“

Frau Wegener, die hinten in der letzten Bank sitzt und gewissermaßen die unparteiische Beobachterin abgibt, wendet sich den beiden zu. „Ihr seid die Wahlleiter, ihr müßt euch einigen, wer das Ergebnis des ersten Wahlgangs verkündet.“

Andreas holt tief Luft. „Na schön. Also, die für den zweiten Wahlgang erforderlichen Stimmen haben erreicht ... Thomas ... Christian ... Dagmar ... und Birgit."

Die Schüler johlen durcheinander.

Katrin stößt Birgit begeistert an. „Du schaffst es, du schaffst es!"

Birgit knabbert vor Aufregung an ihren Fingernägeln. Ich muß es schaffen, denkt sie, denn sie hat gestern abend eine große Dummheit begangen. Als ihr Vater sie fragte, wie es ihr so im neuen Schuljahr ergehe, hatte sie dreist behauptet, sie sei mit großer Mehrheit zur Klassensprecherin gewählt worden. Das hatte Eindruck auf ihren Vater gemacht, und er schien sogar ein bißchen stolz auf sie zu sein.

„So, und jetzt wählt jeder noch einmal", läßt Klaus sich vom Lehrerpult her vernehmen. „Aber nur einen von den vieren, sonst ist die Stimme ungültig.

Die Schüler machen sich über die Wahlzettel her und füllen sie aus. Der eine oder andere versucht dabei, seinem Nachbarn schnell auf das Papier zu schauen, um zu sehen, was dieser wählt.

Klaus geht mit einem Karton umher und sammelt die gefalteten Zettel ein, während Andreas die Namen von Thomas, Christian, Dagmar und Birgit an die Tafel schreibt.

Klaus kommt mit dem Karton zum Pult zurück. Er und Andreas füllen noch ihre Wahlzettel aus und werfen sie in den Karton.

Und jetzt wird es spannend! Andreas nimmt den ersten Zettel aus dem Karton und entfaltet ihn langsam. „Thomas", sagt er dann und legt den Zettel beiseite, während Klaus den nächsten nimmt. „Birgit."

„Juhu!“ ruft Katrin, aber Birgit winkt ihr, still zu sein, denn vorne am Lehrerpult geht es weiter.

„Christian.“

„Dagmar.“

„Thomas.“

Nach jeder Namensnennung macht entweder Klaus oder Andreas einen Strich hinter dem jeweiligen Namen an die Tafel. Das Endergebnis sieht schließlich so aus, daß Thomas sieben, Christian fünf, Dagmar vier und Birgit nur drei Stimmen erhalten hat. Es wird von den Jungen mit großem Hallo begrüßt. Bei den Mädchen herrscht eher Betroffenheit.

Birgit sitzt wie gelähmt da. Mit einem solchen Reinfall hat sie nicht gerechnet. Innerlich kocht sie vor Wut und Enttäuschung. Das darf Papa nie erfahren, denkt sie und überlegt sich schon Ausreden, falls ihr Vater später einmal mit neugierigen Fragen kommen sollte.

Frau Wegener geht zu Thomas und Christian und gibt beiden die Hand. „Ich gratuliere. Wie ich euch kenne, werdet ihr die Sache ganz prima schmeißen.“ Ihre Worte gehen in dem allgemeinen Tumult unter. Die Schüler hält es nicht länger auf ihren Plätzen. Sie laufen in dem Klassenzimmer herum und diskutieren über den Wahlausgang. Frau Wegener ist klug genug, ihnen freien Lauf zu lassen.

Susanne geht zu Birgit und sieht sie verächtlich an. „Na, wie fühlst du dich?“

„Ach, laß mich in Ruhe!“

„Hättest du nicht so'n Terror gemacht“, fährt Susanne fort, „wär' die Dagi bestimmt Klassensprecher geworden. Aber so . . . Jetzt haben wir zwei Jungs als Klassensprecher.

Vielen Dank." Sie macht einen ironischen Knicks vor Birgit und entfernt sich wieder.

Katrin möchte Birgit gerne trösten. „Sei froh, daß es so gekommen ist. Stell dir vor, du müßtest mit dem Thomas . . ."

„Sei bloß still!" fährt Birgit sie an.

„Katrin wollte doch nur . . .", will Bärbel vermitteln, aber Birgit unterbricht sie sofort. „Und du auch!"

„Was hast du eigentlich gegen uns?" beschwert sich Katrin noch. „Wir haben dich schließlich gewählt."

„Genau", fügt Bärbel hinzu.

„Ihr könnt mich mal", brummt Birgit, „und alle anderen auch!"

Später macht Birgit sich im Fahrradkeller an ihrem Rad zu schaffen. Obwohl sie gar nicht mit dem Rad zur Schule gekommen sind, stehen Bärbel und Katrin bei ihr. Sie wollen Birgit besänftigen und um gut Wetter bitten.

Aber Birgit motzt und beachtet die beiden gar nicht. Sie nimmt ihr Rad vom Ständer und rauscht aus dem Fahrradkeller. Bärbel und Katrin wollen ihr folgen.

Da kommen Thomas und Christian in den Keller, gefolgt von johlenden Mitschülern, die den Wahlausgang feiern wollen. Sogar Harald befindet sich unter ihnen. Bärbel und Katrin gehen zu Thomas und Christian, um ihnen zu gratulieren.

Oben an der Rampe, die in den Fahrradkeller führt, wartet indessen Birgit. Als sie Bärbel und Katrin zusammen mit den Jungen in bestem Einvernehmen aus dem Keller kommen sieht, wendet sie sich brüsk ab. Jetzt ist sie endgültig beleidigt.

Bärbel und Katrin sehen ihr betroffen nach. „Birgit!“ ruft Katrin. „Warte doch!“

Birgit hört sie nicht oder will sie nicht hören. Sie entschwindet den Blicken, ohne sich noch einmal umzudrehen.

November

Zwei Monate sind ins Land gegangen ... Birgit hat ihre Wahlniederlage längst verwunden. Und das um so mehr, als ihr inzwischen klar wurde, daß das Amt des Klassensprechers nicht nur eine Auszeichnung ist, sondern auch Arbeit bedeutet; Arbeit und Einsatz für andere, und das liegt der lieben Birgit nun einmal nicht so sehr, wie Arbeit und Einsatz für sich selbst. Immerhin hatte sie damals aus Wut über die Niederlage drei Tage lang kein einziges Wort mit ihren Klassenkameraden gewechselt. Erst als ihr klar wurde, daß sie damit sich selbst mehr straft als ihre Mitschüler, hatte sie ihren Redestreik abgebrochen. Ihrem Vater hat sie die Wahrheit über die Klassensprecherwahl übrigens noch immer nicht gestanden, und es sieht auch nicht so aus, als würde sie das jemals tun.

Thomas und Christian haben in diesen zwei Monaten ihre Bewährungsprobe als Klassensprecher bestanden, als sie Herrn Doktor Keiper davon abbringen konnten, auf einer Unmenge zusätzlicher Hausaufgaben zu bestehen, die er der Klasse aufgebrummt hatte, als sie einmal besonders laut und unkonzentriert war.

Durch sein mutiges Eintreten hatte Thomas sich die Bewunderung vieler – und die Feindschaft eines Klassenkameraden zugezogen. Bei dem einen handelt es sich um Harald, der es offenbar als Klassenältester nicht verwinden kann, daß so ein Mustersöhnchen wie der Thomas beliebter ist als er.

Die Lehrer hingegen haben die zwei Monate genutzt, um ihren Schülern möglichst viel Lehrstoff zu vermitteln und so die Voraussetzungen für die ersten Klassenarbeiten in diesem Schuljahr zu schaffen.

Und die stehen nun unmittelbar bevor!

Es ist ein grauer, nebliger Novembermorgen, und die Schüler, die jetzt, kurz vor Unterrichtsbeginn, der Schule zustreben, tragen wärmere Kleidung, wie es sich zu dieser Übergangszeit empfiehlt.

Im Fahrradkeller stehen nur wenige Fahrräder. Wer jetzt noch mit dem Rad zur Schule kommt, muß ganz schön abgehärtet sein. Michael scheint zu ihnen zu zählen. Er schließt gerade sein Fahrrad ab und geht auf die Tür zu, die in die Schule führt, als Harald schwungvoll in den Fahrradkeller gefahren kommt. „He, Michael, warte mal!" ruft er.

Michael bleibt stehen, dreht sich um und geht zögernd auf Harald zu. „Was denn?"

Harald stellt sein Fahrrad ab. „Hast du die Mathe-Hausaufgaben?" fragt er eher beiläufig.

„Warum?"

„Nur so."

„Natürlich hab' ich sie."

„Dann gib mal her", beeilt Harald sich zu sagen. „Ich hab' sie nämlich nicht."

Michael zögert. „Was krieg' ich dafür?"

„Eine Mark?"

„Okay ..."

Harald holt sein Mathe-Heft hervor, kauert sich an die Wand des Fahrradkellers, legt seine Mappe auf die Knie und benutzt sie als Unterlage. Er sieht zu Michael hoch und streckt die Hand aus. „Gib schon."

„Erst das Geld“, verlangt Michael.

Harald klopft seine Taschen ab. Offenbar hat er kein Geld bei sich. „Morgen ...“, brummt er.

„Denkste“, erwidert Michael und will sein Heft wieder einstecken. Harald kommt ihm zuvor und entreißt es ihm. Michael will es mit Gewalt zurückholen, aber er gibt schnell auf, denn Harald ist ja viel stärker als er.

Harald fängt an, die Hausaufgaben abzuschreiben. Michael beobachtet ihn verächtlich. „Der Keiper kontrolliert die Hausaufgaben heute sowieso nicht.“

„Meinst du?“

„Wir schreiben doch 'ne Mathe-Arbeit.“

„Trotzdem ...“ Harald wendet sich wieder den Hausaufgaben zu. „Ich hab' den ganzen Mathe-Scheiß sowieso nicht verstanden, vielleicht kapier' ich's jetzt ...“

Michael schüttelt den Kopf. „Du machst das doch alles zum zweiten Mal. Langsam sollte es in dein Hirn passen.“

„Weißt du, was?“ fragt Harald.

„Nein.“

„Halt's Maul und laß mich in Ruhe.“

Während Harald im Fahrradkeller seine Hausaufgaben erledigt, spielt sich oben in der Mädchentoilette eine kleine Tragödie ab. Andrea steht an einem der Waschbecken. Sie krümmt sich vor Magenschmerzen und ihr ist übel.

Monika steht neben ihr und versucht, sie zu beruhigen. „Ich denke, du hast gelernt?“

„Hab' ich ja auch.“

„Was regst du dich dann auf? Wenn du alles kannst ...“

„Das geht mir doch immer so“, sagt Andrea mit weinerlicher Stimme. „Ich denk', ich kann alles, und wenn ich dann vor der Aufgabe sitze, ist alles weg. Mattscheibe. Duster."

Monika sieht sie bedrückt an. „Hoffentlich passiert mir das nicht auch mal."

Andrea starrt vor sich hin, bis ihr plötzlich ein Gedanke durch den Kopf jagt, der ihr neuen Schrecken bereitet. „Was soll ich nur meiner Mutter sagen?"

„Komm, jetzt hör auf!" sagt Monika energisch. „Vielleicht klappt es diesmal."

Aber Andrea schüttelt nur den Kopf und unterdrückt mühsam ihre Tränen.

Die Tür geht auf, Birgit und Katrin kommen in den Vorraum. Birgit schubst Katrin an und deutet zu ihren beiden Klassenkameradinnen hin, die wirklich einen erbärmlichen Eindruck machen. „Wie findst'n die?"

„Kotzig." Die beiden Mädchen kichern hinter vorgehaltener Hand.

„So schlimm, wie die aussehen", meint Birgit, „kann die Mathe-Arbeit gar nicht werden."

Sie lachen wieder. Ihre Spöttelei hat zur Folge, daß Andrea in eine der Toiletten stürzt und sich übergibt und Monika in Tränen ausbricht.

Birgit schüttelt verächtlich den Kopf. „Reine Hysterie. Komm, so was soll ansteckend sein."

Birgit und Katrin verlassen lachend die Toilette.

Inzwischen treibt die Schulglocke die Schüler in ihre Klassenzimmer; auch die der Klasse 6b. Harald und Michael gehen, vom Fahrradkeller kommend, die Treppe hinauf. Sie streiten immer noch um das Geld, das Michael von Harald fürs Abschreiben verlangt.

„Du kannst es dir doch von jemand leihen", dringt Michael auf Harald ein.

„Morgen, hab' ich gesagt."

„Bestimmt?"

„Ja", sagt Harald gedehnt.

Thomas holt die beiden ein, drängt sich an Harald vorbei und rempelt ihn aus Versehen an.

Harald reagiert empfindlicher als nötig. „He, mach das nicht noch mal!"

„Entschuldigung", murmelt Thomas erschrocken, aber Harald muß noch eins draufsetzen: „Arsch, blöder . . ."

Wenig später ist auch die 6b vollzählig in ihrem Klassenzimmer versammelt. Statt der sonst üblichen Lautstärke, dem Herumgetobe und Gealbere herrscht heute eine gedrückte Stimmung. Die Schüler machen fast alle einen aufgeregten, nervösen und ängstlichen Eindruck.

Konny kann sein Temperament nicht ganz unterdrücken. Er versucht Jan irgendwelche mathematischen Zusammenhänge zu erklären. „Ganz einfach: ein Dezimalbruch wird mit einer natürlichen Zahl multipliziert, indem man ohne Rücksicht auf das Komma multipliziert und dem Produktwert so viele Dezimalstellen gibt, wie sie der Dezimalbruch besitzt . . ."

Jan hat nichts kapiert, dennoch sagt er zögernd: „Ach, so ist das."

Klaus hat die beiden beobachtet. Jetzt geht er an Jan vorbei und meint überheblich: „Was du jetzt noch nicht kannst, lernst du in den fünf Minuten auch nicht mehr." Jan schneidet ihm eine Grimasse und Klaus geht weiter.

Von der allgemeinen Aufregung nicht betroffen scheinen

nur Birgit und ihre Freundinnen zu sein. Die drei Mädchen tun, als ob sie die bevorstehende Klassenarbeit überhaupt nichts angehen würde.

Katrin prüft mit den Fingern die Qualität von Birgits neuem, auffallend gemustertem Pullover. „Find' ich richtig süß, irre . . ."

Birgit fühlt sich geschmeichelt. „War auch ganz schön teuer."

„Ja?" fragt Bärbel, und Katrin denkt: Warum muß sie nur immer so angeben?

„Ratet mal, wieviel der gekostet hat?" fährt Birgit fort. Ihre Freundinnen denken nach, kommen aber nicht dazu, den Preis zu erraten, weil Doktor Keiper das Klassenzimmer betritt.

Augenblicklich wird es so still in der Klasse, daß man eine Stecknadel würde fallen hören können.

„Morgen", sagt Keiper kurz angebunden.

„Guten Morgen", erwidern einige Schüler den Gruß.

„Setzt euch noch nicht", ordnet Keiper an, „rückt erst die Tische auseinander!"

Keiper legt selbst Hand an und zeigt den Schülern, wie er die Tische gestellt haben will. Einige Schüler wollen das Tischerücken zum Anlaß für irgendwelche Albereien nehmen.

„Macht nur so weiter", sagt Keiper gelassen, „das geht von eurer Zeit ab."

Keipers Drohung bewirkt, daß die Schüler seine Anordnungen jetzt schnellstens befolgen. Dann legt Keiper eine von der üblichen abweichende Sitzordnung fest und teilt die Klasse in zwei Gruppen ein, damit niemand vom Nachbarn abschreiben kann. Schließlich gibt er jedem Schüler sein Heft.

„In den Heften findet ihr Blätter, auf denen die Aufgaben stehen. Fangt bitte an. Und viel Erfolg."

Die letzte Bemerkung wirkt auf die Schüler wie reinster Hohn.

„Zwielichtig", ist Konnys Kommentar, und Bärbel fügt hinzu: „Kitschig."

„Ruhe jetzt!" sagt Keiper laut. „Wer einen Täuschungsversuch wagt, gibt sofort sein Heft ab und bekommt eine Sechs. Damit das klar ist und ihr nicht hinterher jammert."

Die Schüler haben inzwischen ihre Hefte aufgeschlagen und sich die Aufgaben angeschaut. Einige beginnen sofort zu rechnen, andere schauen nervös und ängstlich auf das Blatt.

Zu letzteren gehört offensichtlich Andrea. Sie scheint der Verzweiflung nahe zu sein. Wie hypnotisiert starrt sie die Aufgaben an. Mein Gott, denkt sie, das schaffe ich nie. Keine einzige Aufgabe werde ich lösen. Oh, verdammt, verdammt.

Keiper geht zwischen den Bänken auf und ab und schaut dem einen oder anderen Schüler über die Schulter in das Heft. Bei Klaus bleibt er etwas länger stehen und flüstert ihm schließlich leise zu: „Das würde ich aber anders machen . . ." Klaus sieht zu ihm hoch, dann wieder in sein Heft. Er nickt und lächelt Keiper dankbar an, bevor er mit der Rechnung fortfährt.

Harald hat Herrn Keipers vermeintliche Unaufmerksamkeit für einen Spickversuch genutzt.

Keiper fährt ihn jetzt an: „Das nächste Mal gibst du dein Heft ab, Harald!" Harald zuckt zusammen.

Birgit hat inzwischen sämtliche Aufgaben gelöst. Verstohlen beobachtet sie Doktor Keiper aus den Augenwinkeln. Sie scheint auf einen unbeobachteten Augenblick zu lauern, und der trifft schon bald ein. Keiper sieht auf seine Taschenuhr und verkündet: „Noch fünfzehn Minuten bis Buffalo ..."

Ein allgemeines Gestöhne der Schüler ist die Antwort. Birgit hat die Gelegenheit genutzt und ihre Unterlagen mit denen von Katrin vertauscht. Unverzüglich beginnt sie, Katrins Arbeit zu verbessern und zu vollenden.

Andreas Verzweiflung wächst; sie würde gerne spicken, traut sich aber nicht. Außerdem bietet sich ihr wirklich keine Gelegenheit dazu. Sie starrt die Aufgaben an und plötzlich kommt ihr die Erleuchtung: wie ein silberner Streif am Horizont erkennt sie die Möglichkeit, wie sie wenigstens eine der Aufgaben lösen könnte. Ganz aufgeregt fängt sie zu schreiben an. Hoffentlich bleibt mir genügend Zeit, denkt sie, um wenigstens die eine Aufgabe zu schaffen. Das darf auf keinen Fall wieder eine Fünf werden ...

Mit dem Mut der Verzweiflung unternimmt Harald seinen zweiten Spickversuch und wird sofort von Keiper erwischt. „Harald, mach dein Heft zu!" Harald kommt der Aufforderung mit einer gewissen Erleichterung nach. Keiper geht zu ihm, nimmt das Heft in Empfang, schlägt es auf und überfliegt Haralds Rechenversuche. Er schüttelt dann den Kopf. „Die Sechs hättest du so oder so bekommen."

Es entsteht Unruhe, die einige Schüler sofort für weitere Spickversuche nutzen wollen.

„Ruhe!" brüllt Keiper. „Ich warne euch." Er sieht wieder auf die Uhr. „Noch drei Minuten bis Buffalo."

Die Schüler rüsten zum Endspurt. Die Hektik verstärkt sich, ebenso die Angst derer, die mit den Aufgaben nicht zurechtgekommen sind und jetzt ihre Felle fortschwimmen sehen.

Andrea arbeitet verbissen gegen die Uhr. Endlich ist bei ihr der Groschen gefallen, endlich ist die Mattscheibe fort, die ihr bisher den Durchblick verwehrte! Aber leider zu spät!

„Wenn ich jetzt Schluß sage“, läßt Keiper sich laut und deutlich vernehmen, „legt jeder seinen Schreiber hin und sieht mich an. Noch dreißig Sekunden ... zwanzig ... fünfzehn ... zehn ... fünf, vier, drei, zwei, eins, Schluß!“

Die meisten Schüler kommen seinem Befehl nach. Nur Andrea nicht. Fieberhaft schreibt sie, als könne sie damit ihren Kopf aus der Schlinge ziehen.

„Andrea“, brüllt Keiper wütend, „das gilt auch für dich! Wenn du nicht sofort ...“ Andrea läßt erschrocken ihren Kugelschreiber fallen. „Na also“, murmelt Keiper zufrieden und sammelt die Hefte ein. Er merkt nicht, daß Birgit ihm Katrins Heft gibt, während Katrin ihm Birgits Heft reicht. Die beiden Mädchen grinsen sich verschwörerisch an.

Kaum hat Keiper die Hefte eingesammelt, machen die Schüler sich Luft. Alle reden aufgeregt durcheinander. Gleichzeitig kündigt die Schulglocke das Ende der Stunde an. Keiper verläßt das Klassenzimmer. Die Mathe-Hefte trägt er wie eine Trophäe unter seinem linken Arm.

Die Schüler gehen nicht gleich in die Pause, sondern diskutieren und vergleichen die Lösungen der einzelnen Aufgaben. Ausnahmsweise beteiligen sich Jungen und Mädchen gemeinsam daran. Viele Lösungen werden genannt, einige sofort verworfen, andere finden allgemeine Zustimmung. Je mehr Lösungen genannt werden, desto länger werden die Gesichter von Andrea und Monika.

Also doch wieder verhauen, denkt Andrea traurig und klammert sich wie der Ertrinkende an einen Strohhalm an die

Hoffnung, Herr Doktor Keiper werde richtige Teilergebnisse auch dann werten, wenn die Lösungen nicht stimmen.

In der anschließenden Pause toben die Schüler mehr herum als sonst und sind aggressiver. Schließlich müssen sie sich irgendwie von der Anspannung der Klassenarbeit befreien.

Thomas gerät mit Harald zusammen, nachdem sie bei einer Toberei zusammengestoßen sind.

„Das ist jetzt schon zum zweiten Mal, Freundchen. Gleich setzt's was", droht Harald.

Thomas läßt sich dadurch nicht beeindrucken. „Zu blöd zum Spicken, aber das Maul aufreißen . . ."

„Warte!" ruft Harald und greift Thomas an. Die beiden schubsen sich herum. Zu einer richtigen Balgerei kommt es allerdings nicht, denn die Jungen haben längst erkannt, daß sie etwa gleich stark sind und daß ein Kräftemessen sich noch nicht lohnt.

Friedlicher geht es an Herrn Rebeles Kiosk in der Pausenhalle zu. Katrin drängelt sich an die Theke und besorgt Saft und Brezeln für drei Personen. Dann geht sie zu Birgit und Bärbel, die in einiger Entfernung auf sie warten. Sie teilt den Saft und die Brezeln aus.

Birgit nestelt an dem Geldbeutel herum, den sie um ihren Hals hängen hat. „Was kriegst du?"

„Laß mal", sagt Katrin mit einer großzügigen Handbewegung.

„Aber du hast doch Geld für mich ausgelegt", beharrt Birgit.

„Nein", erwidert Katrin, „ich lade dich ein. Du weißt schon, wegen der Mathe-Arbeit."

„Wie du willst", meint Birgit und beißt genußvoll in die frische Brezel.

„Von dir krieg' ich siebzig Pfennig", wendet Katrin sich an Bärbel. Sie hält ihr die offene Hand hin und wartet, bis das Geld hineingelegt wird.

Die Jungen haben anschließend Turnen und spielen Handball in der Turnhalle. Thomas führt die eine Mannschaft an, Harald die andere. Beide Mannschaften sind ganz bei der Sache, und das Spiel wird von lautem Gebrüll begleitet.

Herr Schmidt, der zackige Sportlehrer, hat die Rolle des Schiedsrichters übernommen. Bei jedem Foul pfeift er auf seiner Trillerpfeife. Er hat oft Anlaß zu pfeifen, denn Harald kann sich in Einzelkämpfen mit Thomas viele unnötige Fouls nicht abgewöhnen.

Nach der Turnstunde – die Mannschaft von Thomas hat überlegen gewonnen – kommen die Jungen in den Umkleideraum. Sie sind noch aufgeregt vom Spiel und außer Atem. Sie fangen an, sich umzuziehen. Einige stellen sich dabei recht geschamig an, andere wiederum denken da offensichtlich anders. So zum Beispiel Harald und Thomas. Sie haben gerade geduscht und kommen jetzt aus dem angrenzenden Duschraum in den Umkleideraum. Sie sind nackt und trocknen sich, während sie zu ihren Sachen gehen, ab.

Thomas zieht Unterwäsche an, die durch ihre strahlend blaue Farbe auffällt.

Harald bemerkt das. Er lacht und deutet auf Thomas. „Guckt euch den mal an ..."

Die meisten Jungen sehen zu Thomas hin und fallen in Haralds Lachen ein.

Besonders Oliver. „Der will wohl ins Puff", ruft er.

Harald schlägt Oliver auf die Schulter und brüllt laut vor Lachen. „Das ist gut! Stimmt das, Thomas, du gehst ins Puff?"

Wieder wird Gelächter laut. Ein paar Jungen lachen offenbar nur deshalb so laut mit, weil sie keine Ahnung haben, wovon hier gesprochen wird.

Thomas ist jedenfalls peinlich berührt, und Harald kann einen Punkt für sich verbuchen, denn es ist ihm gelungen, seinen Rivalen der Lächerlichkeit preiszugeben.

Um zu retten, was noch zu retten ist, versucht Thomas es jetzt mit Ironie. Weltmännisch sagt er: „Idiot. Da komm' ich doch her. Weißt du überhaupt, was das ist?"

Einige Tage später haben die Schüler der Klasse 6b Anlaß, sich zu wundern. Frau Grauf ist nämlich nicht zur Englischstunde erschienen, obwohl die Schulglocke längst den Unterrichtsbeginn angezeigt hat.

In der Klasse ist es ziemlich laut, die Schüler sitzen oder stehen herum und unterhalten sich. Andreas liest ein Buch und läßt sich von dem Lärm ringsum nicht stören. Harald sitzt auf seinem Platz. Er hat einen Ohrhörer im Ohr stecken. Das dünne Kabel führt zu einem Kassettenrecorder, den Harald unter seiner Bank versteckt hat. Harald pfeift die Musik mit, die er gerade hört, und trommelt mit den Fingern den Takt auf der Bank.

Birgit und ihre Freundinnen tauschen währenddessen Pferdepostkarten. Birgit hat einen dicken Stapel in der Hand. Sie legt langsam eine Postkarte nach der anderen vor sich auf den Tisch. Katrin und Bärbel sehen ihr gebannt zu.

„Halt, die nehm' ich!" ruft Katrin plötzlich. Sie nimmt die

Karte, die Birgit gerade auf den Tisch gelegt hat, an sich und fügt sie zu dem kleinen Stapel, den sie sich bereits ausgesucht hat.

„Das ist jetzt die fünfte“, sagt Birgit. „Was krieg’ ich eigentlich dafür?“

„Ich hab’ noch ein tolles Pferde-Poster zu Hause. Ganz süß ist das. Ich bring’ es dir morgen mit.“

Birgit sieht sie skeptisch an. „Na schön. Aber wenn ich es schon habe, mußt du mir etwas anderes geben.“

„Ja, klar.“

Birgit fährt fort, ihre Pferdepostkarten herzuzeigen. Die nächsten vier, fünf Karten erwecken weder bei Katrin noch bei Bärbel Interesse. Dann aber kommt eine, die beide Mädchen haben wollen. „Die hab’ ich aber nur einmal“, erklärt Birgit. „Was gebt ihr mir dafür?“

„Drei von meinen Postkarten“, beeilt Katrin sich zu sagen, aber Birgit scheint das nicht zu beeindrucken. „Ich hab’ doch schon so viele.“

„Ich geb’ dir meinen Ring“, sagt Bärbel und zieht flugs einen Ring vom Finger.

Birgit begutachtet ihn. „Ist der echt?“

„Echt aus dem Kaugummiautomaten“, meint Katrin gehässig.

„Schön ist er trotzdem“, erklärt Bärbel.

„Gut, ich nehm’ ihn“, sagt Birgit schnell. Sie schiebt Bärbel die begehrte Postkarte zu. Dann steckt sie sich den Ring an den Finger und betrachtet selbstgefällig ihre Hand.

Thomas hat sich indessen an seine Pflichten als Klassensprecher erinnert. „Wo bleibt denn die Grauf?“ fragt er seinen Stellvertreter Christian.

Christian zuckt mit den Schultern. „Keine Ahnung. Soll ich mal fragen gehen?"

Thomas nickt. „Gehen wir beide." Sie haben die Tür noch nicht erreicht, als sie von außen geöffnet wird.

Fräulein Lettner betritt das Klassenzimmer. Thomas und Christian bleiben stehen und sehen sich an. Mit einer Geste verständigen sie sich schnell und gehen an ihre Plätze zurück.

Fräulein Lettner wird von niemand beachtet, es wird auch keineswegs leiser in der Klasse. Sie geht zum Lehrerpult und sieht zur Klasse hin, als erwarte sie, daß die Schüler sie respektieren. Als dies nicht geschieht, erhebt sie die Stimme: „Würdet ihr euch bitte alle setzen und still sein?!"

„Erst wenn Frau Grauf da ist", ruft Bernd frech.

„Frau Grauf kommt gleich", antwortet Fräulein Lettner.

Statt daß es leiser wird, verstärkt sich der Lärm noch. Man scheint sich zu freuen, daß Frau Grauf aufgehalten wurde.

„Bis sie kommt, müßt ihr mit mir vorlieb nehmen", versucht Fräulein Lettner sich einzuschmeicheln.

„Ziemlich zwielichtig", platzt Konny sofort heraus.

„Was müssen wir?" fragt Jan.

„Ihr vor Liebe nehmen", brummt Michael albern.

„Gibt doch keinen Sinn", hakt Jan nach, woraufhin Harald seine Deutung zum besten gibt: „Sie aus Liebe nehmen."

Brüllendes Gelächter ist die Antwort.

Fräulein Lettner wird verlegen, ärgert sich darüber, ärgert sich über das Verhalten der Klasse und wird streng: „Wer bei drei nicht auf seinem Platz sitzt, den ... den ..."

Sie weiß offenbar nicht, welche Drohung sie anbringen soll, was Konny sofort veranlaßt zu fragen: „Was denn?"

„Also, den werde ich Frau Grauf melden."

Die Antwort der Schüler besteht aus lauten Buh-Rufen.

„Eins", ruft Fräulein Lettner, „zwei ..."

Die Schüler setzen sich langsam auf ihre Plätze. Als letzte setzt sich Bärbel und sagt dabei: „Drei."

„Wer jetzt noch einen Mucks von sich gibt, den werde ich ebenfalls Frau Grauf melden."

Es wird still in der Klasse, bald ist nur noch unterdrücktes Gekicher zu hören.

Fräulein Lettner atmet auf. Sie scheint froh darüber zu sein, daß es ihr doch noch gelungen ist, die Klasse zu bändigen. „Na bitte", sagt sie, „warum nicht gleich so?"

Aber sie hat sich zu früh gefreut, denn in die Stille hinein sagt Jan jetzt hinter vorgehaltener Hand: „Mucks."

Das Gekicher lebt wieder auf.

Fräulein Lettner weiß nicht, wie sie sich verhalten soll.

Bärbel hält nun ebenfalls die Hand vor den Mund und macht es Jan nach: „Mucks."

Jetzt hält es auch Konny nicht länger aus. „Mucks, Mucks, Mucks", ruft er melodisch in die Klasse.

Die Mucks-Rufe kommen bald aus allen Richtungen, und das Klassenzimmer ist erfüllt von den seltsam klingenden Lauten. Fräulein Lettner ist mit ihrer Weisheit am Ende. Hilflos steht sie da und starrt fassungslos in die Klasse.

Plötzlich geht die Tür auf und Frau Grauf betritt den Raum.

Augenblicklich wird ist es still. Frau Grauf sieht zur Klasse hin und schüttelt mißbilligend den Kopf. Dann geht sie zu Fräulein Lettner und sagt in einem Ton, hinter dem unschwer ein Tadel zu erkennen ist: „Danke, Fräulein Lettner."

„Bitte", antwortet Fräulein Lettner fast stimmlos und geht an den feixenden Schülern vorbei nach hinten.

So viel Einigkeit unter den Schülern wie gegen Fräulein Lettner herrscht dann allerdings nicht, als Frau Röder von Herrn Rebele mitten aus dem Unterricht gerufen wird.

„Ich muß schnell im Sekretariat etwas erledigen", erklärt Frau Röder der Klasse, „in fünf Minuten bin ich wieder da. Schaut euch im Buch inzwischen das Kapitel über Reptilien an. Thomas, du kommst bitte vor und sorgst für Ruhe."

Thomas geht nach vorne. Frau Röder verläßt den Biologiesaal. Sofort fangen die Schüler zu schwätzen an.

„Ruhe!" ruft Thomas.

„Spiel dich doch nicht so auf, alter Angeber", erwidert Harald und erntet damit einige Lacher. Der Lärm im Biologiesaal schwillt langsam an.

„Hört mal alle her!" übertönt Thomas die andern. „Glaubt bloß nicht, mir macht es Spaß, hier den Aufpasser zu spielen."

Harald steht auf und geht im Biologiesaal spazieren. „Lügner!" ruft er zu Thomas hinüber.

„Halt's Maul und hock dich hin!"

„Ich setz' mich nicht. Was jetzt? Willst du mich an die Tafel schreiben?"

„Wenn's sein muß."

„Sauber, sauber", wendet Harald sich jetzt an die Klasse. „Petzen will der. Habt ihr das gehört? Und so was schimpft sich Klassensprecher."

Oliver steht auf und gesellt sich zu Harald. „Ich hab' ihn nicht gewählt, den Angeber."

„Jetzt macht doch keinen Scheiß!" meldet sich Thomas wieder zu Wort. „Oliver, los, setz dich!"

„Dummbeutel!" ist Olivers Antwort.

Thomas geht drohend ein paar Schritte auf Oliver zu. Der sucht Schutz hinter Harald.

„Ist was?" fragt Harald herausfordernd und schlägt Thomas leicht gegen die Brust. Thomas weicht einen Schritt zurück.

„Jetzt geht's los", ruft Konny aufgeregt und fügt hinzu: „Zwielichtig."

„Auf ihn", ermuntert Bernd Thomas, und Jan reizt: „Den schaffst du leicht."

Thomas geht auf Harald zu, um ihm wenigstens den leichten Schlag zurückzugeben. Sofort entsteht ein Tumult in der Klasse. Unter die Anfeuerungsrufe der Jungen mischt sich das Gekicher der Mädchen. Thomas und Harald schubsen sich ein wenig herum, aber keiner riskiert eine echte Prügelei.

Thomas bricht schließlich ab. „So, jetzt ist Schluß, setzt euch hin und haltet die Gosche."

Einige der Schüler äußern ihre Enttäuschung.

„Zugabe, Zugabe!" ruft Konny.

Auf dem Höhepunkt des allgemeinen Lärms geht die Tür auf. Frau Röder stürmt wutentbrannt in den Biologiesaal. Sofort ist alles still. Mit einem Satz haben Harald und Oliver ihre Plätze erreicht.

Thomas steht zerknirscht da.

„Du solltest für Ruhe sorgen", wirft Frau Röder vor, „und was machst du?!"

„Ich . . .", stammelt Thomas.

„Ich verstehe dich nicht", fährt Frau Röder mit ihrem Tadel fort. „Warum läßt du so was zu? Das werde ich mir gut merken."

Harald grinst vor sich hin; offenbar freut er sich, daß sein Widersacher derart abgekanzelt wird.

Christian will seinem Freund helfen. „Thomas konnte nichts dafür."

„Hat dich jemand gefragt?" weist Frau Röder ihn zurecht.

„Das ist unfair!" ruft Michael in die Klasse.

„Ich bitte mir Ruhe aus!" sagt die Röder energisch.

„Fragen Sie erst mal, was hier los war", empört sich jetzt Susanne, und Konny fügt sein Lieblingswort hinzu: „Zwielichtig."

„Ihr seid augenblicklich still!"

Es tritt tatsächlich Ruhe ein, wenn auch nur sehr zögernd. Andreas steht behäbig auf.

„Was willst du denn?" fragt Frau Röder.

„Der Krach war wegen dem Harald. Thomas kann nichts dafür."

Die Klasse stimmt Andreas mit Zurufen geschlossen zu. Harald macht eine drohende Gebärde in die Richtung von Andreas.

Am nächsten Tag bringt Katrin das Pferde-Poster für Birgit mit in die Schule und gibt es ihr, kurz bevor der Unterricht bei Frau Wegener, der Klassenlehrerin, beginnt. Birgit scheint das Poster nicht sonderlich zu gefallen, aber schließlich akzeptiert sie es doch als Tauschobjekt.

Kaum hat sie es in ihrer Tasche verstaut, kommt Konny in die Klasse geflitzt. „Sie kommt! Alles in Deckung!"

Frau Wegener betritt das Klassenzimmer, begrüßt ihre

Schüler und läßt gleich hektographierte Blätter austeilen. Es handelt sich um eine Einladung zum Elternabend.

„Elternabend, äußerst zwielichtig", ist Konnys Kommentar dazu.

„Was ist denn daran zwielichtig, Konny?" fragt Frau Wegener.

Konny druckst herum. „Nur so . . ."

„Was anderes kann der doch gar nicht sagen", mischt Katrin sich ein und muß sich gefallen lassen, daß Konny sie anfaucht: „Klar kann ich das, du ölige Ziege."

„Ist doch sehr wichtig", sagt Frau Wegener nun beschwichtigend, „daß eure Eltern sich für euch interessieren. Dafür gibt's nämlich die Elternabende."

„Och, da wird doch bloß über die Schüler gemeckert", wirft Konny dazwischen, der natürlich das letzte Wort haben muß.

Frau Wegener geht nicht weiter auf ihn ein, sondern wendet sich an die Klasse. „Laßt die Einladung bitte von euren Eltern unterschreiben."

Birgit meldet sich.

„Ja, Birgit?"

„Dürfen auch Schüler zum Elternabend kommen?" fragt sie.

„Ja. Das heißt, nur die Klassensprecher. Thomas, Christian, wenn ihr Lust habt . . ."

Für Birgit ist auf diese Weise plötzlich eine dumme Situation entstanden. Wenn sie nicht zum Elternabend kommt, weiß ihr Vater, daß sie ihn angeschwindelt hat; wenn sie doch hingeht, gibt es möglicherweise Ärger mit Frau Wegener. Birgit entschließt sich nach langen Überlegungen, den Ärger mit Frau

Wegener in Kauf zu nehmen. Pünktlich zur festgesetzten Stunde erscheint sie zum Elternabend. Ehe sie das Klassenzimmer betreten hat, wird sie von Thomas und Christian, den rechtmäßigen Sprechern der Klasse, aufgehalten.

„Was willst du denn hier?" will Thomas wissen.

„Interessiert mich halt."

„Frau Wegener hat extra gesagt, nur die Klassensprecher dürfen kommen", erinnert Thomas sie.

„Na und?" gibt Birgit zurück. „Glaubst du, die schmeißt mich raus, vor all den Eltern?"

„Bestimmt", meint Thomas.

„Wir werden's ja sehen."

Zu dritt betreten die Schüler das Klassenzimmer, gehen nach hinten und drücken sich unauffällig in eine Ecke.

Im Klassenzimmer herrscht allgemeines Gemurmel. Eltern stehen herum und unterhalten sich. Einige haben bereits die durch Namensschilder kenntlich gemachten Plätze ihrer Kinder eingenommen. Bei weitem nicht alle Eltern sind erschienen, oft auch nur Vater oder Mutter.

Frau Wegener hat Birgit entdeckt. Sie geht nach hinten zu den Schülern und fragt Birgit leise: „Seit wann bist denn du Klassensprecherin?"

Birgit druckst verlegen herum. „Ich wollte auch mal . . ."

„Ja, was?"

„Muß ich jetzt wieder gehen?" fragt sie ängstlich.

„Wo du nun schon mal da bist. Meinetwegen, bleib hier. Aber nicht, daß du noch mal auf so eine Idee kommst."

Birgit schüttelt den Kopf.

Frau Wegener wendet sich ab, um wieder nach vorne zu gehen.

Birgit sieht ihre beiden Klassenkameraden triumphierend an. „Na, was hab' ich gesagt?"

Frau Wegener hat inzwischen die Tafel erreicht, vor der Frau Grauf und Herr Dr. Keiper auf Stühlen Platz genommen haben. Im Klassenzimmer herrscht dieselbe Unruhe, wie sie sonst von den Schülern verursacht wird.

Erst als ein Vertreter der Elternschaft zu sprechen beginnt, wird es etwas ruhiger. „Guten Abend. Ich begrüße Sie zu unserem ersten Elternabend in diesem Schuljahr und möchte Ihnen herzlich danken, daß Sie so zahlreich erschienen sind. Dank auch den drei Lehrern, daß sie gekommen sind." Die Tür des Klassenzimmers geht auf, und ein paar Nachzügler betreten den Raum. Sie bleiben in der Nähe der Tür stehen.

„Setzen Sie sich irgendwo hin, es ist ja noch genügend Platz vorhanden." Der Elternvertreter wartet, bis alle einen Platz gefunden haben. „Ich möchte nun das Wort an Frau Wegener weitergeben. Bitte, Frau Wegener."

Frau Wegener steht auf, der Elternvertreter geht zu seinem Platz und setzt sich.

„Einen besonderen Anlaß für diesen Elternabend gibt es nicht", beginnt Frau Wegener. „Ich möchte nur ein paar Dinge antippen, die von allgemeinem Interesse sind, bevor ich das Wort an meine Kollegen weitergebe. Ihre Kinder haben Ihnen vielleicht schon erzählt, wie gut die Klassengemeinschaft ist. Die 6b ist eine ausgesprochen nette Klasse, und ich sage Ihnen ganz ehrlich, ich gehe gerne in diese Klasse." Frau Wegener legt eine kurze Pause ein.

Die Eltern tuscheln mit ihren Nachbarn über das Gesagte. Sie verhalten sich da nicht viel anders als ihre Kinder.

Birgit zischelt Thomas und Christian zu: „Na bitte, wir sind eine nette Klasse.“ Thomas und Christian grinsen.

„Manchmal geht es natürlich auch lebhaft zu“, fährt Frau Wegener fort, „aber ich finde das richtig, die Kinder sollten diese ersten, noch relativ unbeschwerten Jahre auf der Schule genießen, der Schulstreß kommt noch früh genug auf sie zu.“

Während Frau Wegener vorne weiterspricht, wendet Birgit sich an Thomas und flüstert ihm zu: „Sind deine Eltern da?“

Thomas schüttelt den Kopf. „Die sind heute abend im Theater. Und deine?“

„Nur mein Vater. Da, auf meinem Platz.“ Sie nickt lächelnd ihrem Vater zu, der gerade zu ihr hinschaut. Dann wendet sie sich an Christian. „Und deine?“

„Was?“

„Ob deine Eltern da sind?“

„Nur meine Mutter.“

„Die auf deinem Platz?“

„Nee, weiter vorne.“

„Die mit den schwarzen Haaren etwa?“

„Ja.“

Birgit mustert Christians Mutter. „Ist die immer so aufgedonnert?“

„Also, hör mal“, empört sich Christian, wendet sich aber gleich von Birgit ab, um Frau Wegener weiter zuzuhören.

„Die Schüler arbeiten im großen und ganzen recht gut mit“, sagt Frau Wegener gerade und kommt zum Schluß ihrer Ansprache. „So, das wäre von meiner Seite eigentlich alles. Wenn Sie keine weiteren Fragen mehr haben, möchte ich das Wort . . .“

Herr Eilers, Haralds Vater, meldet sich.

„Ja, bitte, Herr ..."

„Eilers. Ich wollte nur fragen, ob es zutrifft, daß mein Sohn Harald ..."

„Sie werden sicher verstehen", unterbricht Frau Wegener ihn, „daß ich heute nur auf Fragen von allgemeinem Interesse eingehen kann. Wenn Sie Fragen wegen Harald haben, kommen Sie doch bitte in meine Sprechstunde."

„Dann will ich so formulieren", fährt Herr Eilers hartnäkkig fort, „trifft es zu, daß an dieser Schule Leistungen mit zweierlei Maß gemessen werden?"

„Diese Frage kann ich mit einem klaren Nein beantworten."

Herr Eilers gibt sich auch damit nicht zufrieden. „Bei meinem Sohn scheint man allerdings ..."

„Herr Eilers", unterbricht Frau Wegener ihn wieder, „kommen Sie doch in meine Sprechstunde, dann werden wir darüber reden."

„Bitte, wie Sie wollen."

Der kurze Disput ist von den übrigen Eltern verfolgt und kommentiert worden, und es ist wieder Unruhe im Klassenzimmer entstanden. Frau Wegener nickt jetzt Herrn Dr. Keiper zu.

Keiper steht auf und räuspert sich. „Ich möchte mich dem anschließen, was Frau Wegener über Ihre Kinder gesagt hat. Auch ich gehe nicht ungern zu ihnen in den Unterricht. Nur was die Leistungen betrifft, bin ich anderer Meinung als die geschätzte Frau Kollegin. Die 6. Klasse ist im Mathematischen schon eine größere Hürde als die 5. Klasse, und ich fürchte, der eine oder andere wird an diesem Fach straucheln.

Jetzt werden Sie sich sicher fragen, was dagegen zu tun ist. Nun, zunächst einmal: Achten Sie darauf, daß Ihre Kinder die Hausaufgaben sorgfältig erledigen. Schauen Sie ruhig öfter mal im Aufgabenheft nach und machen Sie sich die Mühe, zu kontrollieren, ob ..."

Christians Mutter, Frau Forg, unterbricht ihn. „Wegen der Hausaufgaben habe ich eine Frage."

„Ja, bitte?"

„Mein Sohn sitzt manchmal zwei, drei Stunden nur über den Mathematik-Hausaufgaben. Und da frage ich mich, ob es nicht besser wäre, den Kindern den Stoff so zu erklären, daß die vielen Übungsaufgaben wegfallen können ..."

Birgit sieht Christian an und grinst breit. „Aha, so ist das also. Zwei, drei Stunden nur Mathe?"

Christian windet sich. Es ist ihm peinlich, daß seine Mutter ihn gewissermaßen als Streber bloßgestellt hat. „Quatsch, die redet manchmal ein Zeug daher ..."

Währenddessen hat Keiper begonnen, sich zu rechtfertigen. „Im Unterricht können die Probleme nur angerissen werden, die eigentliche Vertiefung erfolgt durch die Übungen, und dafür sind die Hausaufgaben nun mal da."

„Man liest aber immer wieder", wendet Frau Forg ein, „daß die Hausaufgaben überflüssig sind, wenn ..."

„Ich weiß nicht, wo Sie das her haben", unterbricht Keiper sie, als sei sie eine Schülerin, „aber ich kann Ihnen auf Grund meiner langjährigen Erfahrungen versichern ..."

Die Kontroverse hat Einzeldiskussionen bei den Eltern ausgelöst. Der Lärm erreicht eine Lautstärke, bei der Keiper, wäre er im Unterricht, zu brüllen anfangen würde. Hier allerdings kann er nicht, wie er gerne möchte.

Herr Eilers springt ihm bei, indem er seine Stimme erhebt. „Ich bitte um Ruhe!"

Es wird etwas leiser. Herr Eilers wendet sich Frau Forg zu. „Wenn ich Sie recht verstehe, sind Sie der Meinung, unsere Kinder seien überfordert?"

„Ja, das meine ich", sagt Frau Forg bestimmt.

„Dazu möchte ich auch was sagen", fährt Herr Eilers fort. „Gemessen an dem, was unsere Kinder in ihrem späteren Leben erwartet, sind die Anforderungen, die seitens der Schule an sie gestellt werden, geradezu lächerlich ..."

Und staunend vernehmen nun Birgit, Thomas, Christian und alle anderen, was Haralds Vater über die moderne, leistungsorientierte Gesellschaft denkt.

Herr Eilers holt weit aus und ist lange nicht zu bremsen, so sehr ist er in Fahrt.

Ich glaube, ich würde sterben, denkt Birgit, wenn mein Vater so viel dummes Zeug quatschen würde.

Am nächsten Tag in der Schule müssen Thomas und Christian der Klasse über den Elternabend berichten. Was sie zu sagen haben, klingt nicht sehr aufregend.

Birgit ergänzt den Bericht. „Und dann waren sie sich auf einmal alle einig, daß wieder härter durchgegriffen werden muß."

„Nicht alle", schränkt Thomas ein.

„Na ja", gibt Birgit zu, „aber ein paar. Und daß wir mehr leisten sollen, und ... sag mal, Harald, spinnt dein Alter zu Hause auch so?"

Harald, der etwas abseits steht, ist peinlich berührt. „Wieso? Er hat doch recht."

„Scheint so'n richtig öliger Typ zu sein, dein Alter", flachst Konny.

Harald geht drohend auf ihn zu. „Was meinst'n damit?"

Thomas stellt sich Harald in den Weg. Die beiden mustern sich stumm.

„Und, was war weiter?" fragt Konny.

„Eigentlich nichts", gibt Birgit zu. „War eigentlich stinklangweilig. Nur der Keiper, der hat einen Scheiß geredet, das hättet ihr mal hören sollen."

Als sei das sein Stichwort gewesen, stürmt Doktor Keiper jetzt ins Klassenzimmer. Unterm Arm trägt er die Klassenarbeitshefte. Als die Schüler das sehen, tritt augenblicklich Ruhe ein. Jeder eilt zu seinem Platz.

Keiper knallt die Hefte auf das Lehrerpult, geht zum Fenster und sieht mit traurigem Blick hinaus. Obwohl er der Klasse den Rücken zukehrt, bleibt es ruhig, was sonst undenkbar wäre. Selbst als Konny leise „ölig" sagt, bleibt das unkommentiert und wird von keinem einzigen Lacher begleitet.

Keiper wendet sich schließlich der Klasse zu. „Setzen!"

Alle setzen sich und sehen gespannt, erwartungsvoll oder auch ängstlich zu Keiper hin.

„Das ist die schlechteste Arbeit, die ich seit Jahren korrigieren mußte. Ich möchte nur wissen, was ihr euch dabei gedacht habt. Ihr glaubt wohl, das Gymnasium ist ein Spaziergang und Mathematik etwas, das man im Schlaf mitbekommt. Herrschaften, das muß anders werden! Und das wird anders, das verspreche ich euch!" Er geht zum Pult und nimmt die Hefte.

„Sind die nach Noten sortiert?" fragt Klaus zaghaft.

„Wie immer. Du kannst gleich kommen, hast die beste Arbeit.“ Klaus geht strahlend nach vorne und nimmt sein Heft in Empfang.

„Thomas . . .“ Thomas will aufstehen und sein Heft holen.

„Bleibt sitzen“, fordert Keiper die Schüler auf, „ich bringe euch eure Werke.“ Er murmelt die Namen und knallt den betreffenden Schülern die Hefte auf den Tisch.

Andrea sitzt mit verkrampften Händen und atemlos vor Aufregung an ihrem Platz. Bitte, bitte, eine Vier, oder wenigstens eine Vier minus, denkt sie verzweifelt.

Ähnliche Ängste wie Andrea haben auch andere Schüler auszustehen. Noch spiegelt sich Hoffnung in den Gesichtern wider, aber je weiter das Austeilen fortschreitet, desto größer wird die Enttäuschung derer, die ihre Arbeit noch nicht erhalten haben.

Monika fängt zu weinen an, als Keiper bei den Vieren anlangt, beruhigt sich aber halbwegs, als sie erfährt, daß sie gerade noch eine Vier geschrieben hat.

Katrin beschwert sich bei Birgit. „Nur eine Drei. Warum hast du so viele Fehler stehen lassen?“

„Mensch, sei doch froh“, fährt Birgit sie an.

„Nur, damit du besser bist als ich“, sagt Katrin beleidigt.

„Weißt du was? Das nächste Mal machst du deinen Kram alleine. Wirst ja sehen, was dabei rauskommt.“

„Sei doch nicht gleich so.“

Birgit zuckt mit den Schultern und wendet sich ab.

Katrin lenkt ein. „Entschuldige . . .“

Keiper ist inzwischen mit dem Austeilen fertig. Andrea sitzt benommen da. Monika öffnet Andreas Heft und sieht hinein. Viele rote Anstriche sind dort zu sehen, und dick die

Note Fünf. Monika sieht Andrea mitleidig an und schließt das Heft wieder.

O je, o je, o je, denkt Andrea, wär' ich froh, wenn ich auch noch 'ne Vier gekriegt hätte wie die Monika. Zwei Punkte mehr ... Verdammt, verdammt, verdammt. Wie soll ich das nur meiner Mutter erklären, die weiß ja nicht mal von den anderen Fünfen ...

Währenddessen wendet sich Oliver an Harald. „Was hast'n du? Ach so, ja ..."

„Eine Schicksalssechs", sagt Harald großspurig, „hat nichts mit meinen Leistungen zu tun."

Oliver sieht ihn bewundernd an.

Harald geht mit Oliver zum Fahrradkeller, um sein Rad zu holen.

Michael stellt sich ihm in den Weg. „Ich krieg' noch 'ne Mark von dir."

Harald schiebt ihn zur Seite. „Einen Dreck kriegst du."

„Versprochen ist versprochen", beharrt Michael.

Harald lacht ihn aus. „Ich kann dir ganz was anderes versprechen ..." Er streckt ihm seine Faust entgegen. „Riech mal an der Knospe."

Michael sieht ihn verständnislos an.

„Ein Schlag", prahlt Harald, „und der zweite ist schon Leichenschändung." Harald lacht wieder. Er dreht sich um und schiebt sein Fahrrad zum Ausgang. Michael will ihm nachlaufen.

Thomas, der jetzt gerade den Fahrradkeller betritt, ruft ihm zu: „He, Michael! Gib dich doch nicht mit dem ab! Der ist total beschockert!"

Harald bleibt wie angewurzelt stehen, stellt dann sein Rad an der Wand ab und geht drohend auf Thomas zu.

Thomas legt seine Mappe auf den Boden und bereitet sich auf einen Angriff vor.

„Bei dir ist 'ne Abreibung längst überfällig", höhnt Harald.

„Komm doch, los schon", antwortet Thomas.

Die beiden Jungen umkreisen sich lauernd und stürzen sich dann plötzlich aufeinander. Es beginnt eine regelrechte Keilerei.

Schüler und Schülerinnen aus den verschiedensten Klassen umringen die beiden und feuern sie an. Mal sieht es so aus, als würde Harald gewinnen, mal so, als könne Thomas seinen Widersacher überwältigen.

Michael verläßt den Kampfplatz und schleicht sich zu Haralds Rad. Er holt aus der Schulmappe Haralds Kassettenrecorder heraus, entnimmt ihm die Kassette und verstaut ihn wieder in Haralds Mappe. Währenddessen ist die Keilerei weitergegangen, ohne daß eine Entscheidung eingetroffen wäre.

Plötzlich wird die Tür zum Fahrradkeller aufgerissen, und Herr Rebele stürmt zu den Streithähnen. „Was ist denn hier los?" Er versucht, Harald und Thomas zu trennen. „Auseinander, sag' ich!" Aber das erweist sich als eine gar nicht so leichte Aufgabe. Schließlich gelingt es ihm doch, die beiden zu trennen. „Und jetzt verschwindet, aber schnell!" Er schubst Harald in Richtung des Ausgangs, während er Thomas noch festhält.

Harald nimmt sein Rad und verläßt den Fahrradkeller.

Sobald er fort ist, läßt Herr Rebele Thomas los. „Aber nicht, daß ihr euch draußen weiterprügelt! Verstanden?"

Thomas nickt. Er nimmt seine Mappe auf. Zusammen mit Michael verläßt er den Fahrradkeller.

Harald schiebt sein Rad noch die Rampe hinauf.

Michael ruft ihm hinterher: „He, Harald!“

Harald bleibt stehen und sieht zu Michael hin.

Michael hat die Kassette in der einen Hand und zieht das Band mit der anderen Hand heraus. „Für ’ne Mark, wieviel Band krieg’ ich da? So viel oder noch mehr?“ Er zieht noch mehr Band aus der Kassette.

Harald fummelt seinen Kassettenrecorder aus der Schulmappe und stellt fest, daß die Kassette fehlt.

Inzwischen hat Michael das Stück Band, das er herausgezogen hat, abgerissen.

„Du Drecksau“, brüllt Harald, „das wirst du mir büßen!“

Michael und Thomas lachen. Sie rennen an Harald vorbei. Im Vorbeirennen wirft Michael Harald die defekte Kassette zu. Harald ist viel zu sehr mit seinem Rad und seinem Recorder beschäftigt, als daß er seinen beiden Klassenkameraden folgen könnte.

Herr Rebele erscheint jetzt unten an der Tür des Fahrradkellers. „Du bist ja immer noch da?!“

Harald sieht zu ihm hin, verzieht sein Gesicht, packt seine Sachen zusammen und trollt sich schließlich.

Februar

Drei Monate sind seit der Keilerei zwischen Harald und Thomas verstrichen. Die beiden haben ihren Streit inzwischen beigelegt, obwohl keineswegs eindeutig feststeht, wer von ihnen nun der Stärkere ist.

Andrea hat ihre Fünfen zu Hause gestanden. Natürlich nicht freiwillig. Ihre Eltern erhielten zusammen mit dem Zwischenzeugnis Anfang Februar eine Mitteilung, die besagte, daß die Versetzung von Andrea gefährdet sei. Es gab ein Riesentheater, und Andrea mußte hoch und heilig versprechen, sich zu bessern. Das liegt nun auch schon zwei Wochen zurück, und trotzdem befällt Andrea ein leichtes Grausen, wenn sie sich daran erinnert.

Was der Klasse 6b jetzt bevorsteht, ist das Faschingsfest, auf das man sich nach endlosen Diskussionen geeinigt hat. Um es vorzubereiten, bleiben der Klasse nur noch wenige Tage.

Im Musikunterricht ist man unter der Leitung von Herrn Hirler, dem immer lustigen Musiklehrer, gerade dabei, über die Musik zu reden, die bei der Party gespielt werden soll, als Frau Wegener eine neue Mitschülerin hereinbringt: Kirsten Richter aus Frankfurt. Sie wiederholt die 6. Klasse, weil sie im letzten Jahr viel Unterricht versäumt hat. Sie hat ihre Mutter nämlich auf einer Tournee begleitet. Ihre Mutter ist eine bekannte Tänzerin und Choreographin. Und jetzt steht Kirsten mitten im Musiksaal.

Frau Wegener hat den Raum wieder verlassen, nachdem sie Susanne und Dagmar noch gebeten hatte, sich der Neuen ein wenig anzunehmen.

Kirsten geht langsam auf Susanne zu.

Alle Augen sind auf sie gerichtet, jeder reagiert auf sie: die Jungen mit bewundernden Blicken, denn Kirsten ist wirklich sehr hübsch; die Mädchen mit eher abschätzigen Blicken. Birgit ahmt sitzend Kirstens schwebenden Gang nach, indem sie mit ihrem Oberkörper hin und her wackelt, was ganz komisch aussieht. Katrin und Bärbel lachen.

Kirsten erreicht Susanne und setzt sich auf einen leeren Stuhl.

Hirler wendet sich ihr zu. „Wir haben hier einen Streit, vielleicht kannst du uns helfen."

Kirsten sieht ihn fragend an.

„Was ist denn deine Lieblingsmusik?"

„Mozart", sagt Kirsten spontan, „oder vielmehr ... Chopin." In der Klasse entsteht ein großes Gelächter.

Kirsten ist irritiert.

Hirler lacht ebenfalls. „Das kannst du natürlich nicht verstehen, Kirsten. Die Klasse will eine Faschingsparty steigen lassen, und wir überlegen gerade, welche Musik man da spielen kann."

„Ach so", sagt Kirsten lächelnd. Sie denkt kurz nach und zuckt dann mit den Schultern. „Tut mir leid, da fällt mir auch nichts ein."

Später führen Susanne und Dagmar ihre neue Mitschülerin in das Klassenzimmer. Kirsten sieht sich um.

„Hier gibt's natürlich eine Sitzordnung", sagt Susanne, und Dagmar zeigt zu einem Tisch: „Hier sitzen Susanne und ich."

Kirsten nickt.

„Warte mal“, meint Susanne und denkt nach, „wo könntest du dich denn hinsetzen?“ Susanne sieht sich um und geht nach hinten. Kirsten und Dagmar folgen ihr.

„Hier wäre noch Platz“, sagt Susanne.

„Hier?“ fragt Kirsten und deutet auf einen Platz in der letzten Reihe.

„Ist egal. Die Plätze sind alle frei. Bis auf den. Da sitzt der Harald. Willst du dich neben Harald setzen?“

Harald ist gerade zu seinem Platz gegangen und hat die Frage mitbekommen. „Das hier ist ein Einzeltisch“, brummt er, „da kommen mir keine Weiber ran.“

Susanne schüttelt den Kopf und wendet sich Kirsten zu. „Ist aber blöd, wenn du ganz alleine ...“

„Macht mir nichts aus“, beeilt Kirsten sich zu sagen.

„Weißt du was? Ich setze mich neben dich.“

Dagmar sieht Susanne säuerlich an.

„Du hast doch nichts dagegen, oder?“ fragt Susanne sie.

„Nö ...“, sagt Dagmar gedehnt, womit sie zum Ausdruck bringt, daß sie wohl etwas dagegen hat.

„Stell dir vor, du kämst neu in eine Klasse“, erklärt Susanne ihr, „und müßtest ganz alleine in der letzten Bank sitzen.“

„Ich sag' doch gar nichts“, erwidert Dagmar eingeschnappt.

„Aber wie du mich anschaust.“

Kirsten will zwischen den beiden Mädchen vermitteln. „Wirklich, ich finde es nicht schlimm, allein zu sitzen.“

Jetzt tut es Dagmar leid, daß sie so dumm reagiert hat. Sie wendet sich an Susanne. „Also gut. Wir können ja irgendwann mal wechseln.“

„Genau“, sagt Susanne und geht zu ihrem Platz. Sie nimmt

ihre Sachen und trägt sie zu den beiden Plätzen, bei denen Kirsten noch steht. Prüfend meint sie: „Von hier hat man einen prima Überblick."

„Und 'ne gute Deckung vor den Lehrern", pflichtet Kirsten lächelnd bei.

Birgit, Katrin und Bärbel kommen nun wie von ungefähr angeschlendert und bleiben vor Kirsten stehen.

Birgit mustert sie und fragt dann spitz: „Aus Frankfurt kommst du?"

„Ja."

„Glaub' ich dir nicht. Da reden die Leute ganz anders. Ich war nämlich mal in Frankfurt."

„Ich bin da ja auch nicht geboren."

Birgit wendet sich ihrer Clique zu. „Was ich gesagt habe."

„Ich bin hier groß geworden", fügt Kirsten hinzu. „Meine Mutter war nur die letzten zwei Jahre in Frankfurt engagiert."

„Was?" fragt Birgit.

„Na ja, beschäftigt halt."

„Warum sagst du dann ... Wie hieß das?"

„Engagiert. Das heißt halt so. Jetzt hat sie hier ein Engagement angenommen."

Birgit schüttelt den Kopf und wendet sich ihren Freundinnen zu. „Versteht ihr das?" Die beiden Mädchen schütteln den Kopf.

Bärbel wendet sich an Kirsten. „Was ist denn deine Mutter?"

„Choreographin."

„Ach, die singt", mutmaßt Katrin, und Bärbel verbessert sie sogleich: „Quatsch, die tanzt. Gell?"

„So ungefähr“, erklärt Kirsten, „sie entwirft Ballette.“

„Kannst du auch tanzen?“ will Katrin nun wissen.

„Ja.“

Birgit, die vor Jahren einmal Ballettunterricht gehabt hatte, nimmt unbeholfen die Grundposition ein. „So? Ja?“

Kirsten muß lachen. „Na ja, ein bißchen besser schon.“

Birgit, die sich eigentlich über Kirsten lustig machen wollte, ärgert sich, daß sie sich selbst lächerlich gemacht hat. Sie fragt deshalb in scharfem Ton: „Und dein Vater? Tanzt der auch?“

Kirstens Gesicht verdüstert sich ein wenig. „Den kenn’ ich gar nicht.“

„Aha“, sagt Birgit und freut sich, einen wunden Punkt entdeckt zu haben.

„Meine Eltern sind geschieden, seit ich zwei Jahre alt bin“, sagt Kirsten kühl. „Sonst noch Fragen?“

Birgit sieht Kirsten groß an. Sie sucht nach einem guten Abgang, aber es scheint ihr nichts einzufallen. Zu ihrem Glück läutet jetzt die Schulglocke, und das gibt Birgit die Möglichkeit, sich zurückzuziehen, ohne das Gesicht zu verlieren.

„Nein“, sagt sie noch, „fürs erste reicht das.“ Sie rauscht zu ihrem Platz zurück. Bärbel und Katrin folgen ihr.

Kirsten wendet sich an Susanne. „Sind die immer so?“

„Meistens“, antwortet Susanne. „Das ist die Clique. Gut, daß du gleich weißt, woran du mit denen bist.“

„Was haben wir jetzt?“

„Englisch bei der Grauf. Iiii . . .“

„Kannst du mir nachher mal den Stundenplan geben?“ fragt Kirsten dann.

„Klar“, antwortet Susanne.

Jan kommt von draußen in das Klassenzimmer gerannt. „Sie kommt!“ ruft er. Alle eilen auf ihre Plätze.

Frau Grauf betritt das Klassenzimmer, gefolgt von Fräulein Lettner. Während Frau Grauf zum Lehrerpult geht, huscht Fräulein Lettner nach hinten und setzt sich auf einen Stuhl.

„Good morning“, sagt Frau Grauf forsch. „Sit down please ...“

Die Schüler setzen sich geräuschvoll.

Bei Herrn Lankes im Kunstunterricht überlegt die Klasse dann, wie man das Klassenzimmer am besten zu einem Raum für die Faschingsparty umgestalten kann.

Von allen Seiten kommen Ideen und Vorschläge für die Dekoration. Petra will Luftschlangen mitbringen, Thomas erinnert sich daran, daß bei ihm zu Hause eine Menge buntes Krepp-Papier herumliegt, Kirsten verspricht, Lampions beizusteuern und Jürgen erklärt sich bereit, Luftballons zu spendieren. Die einzige, die sich nicht an den Überlegungen beteiligt, ist Birgit.

Als Lankes, dem das natürlich auffallen muß, sie anspricht: „Mir scheint, du hast was gegen Faschingsfeste“, antwortet sie schnippisch: „Erraten.“

Nach der Deutschstunde bei Frau Wegener, als die meisten Schüler das Klassenzimmer bereits verlassen haben und Frau Wegener gerade ihre Sachen zusammenpackt, drücken sich Monika und Andrea vor dem Lehrerpult herum.

„Frau Wegener ...“, bringt Monika schließlich schüchtern hervor.

Frau Wegener sieht hoch. „Ja, Monika?“

Monika reicht Frau Wegener ein Poesiealbum. „Schreiben Sie mir was in mein Büchle?“

Frau Wegener nimmt das Album an sich und lächelt. „Gerne.“

Andrea hält der Lehrerin nun ihr Album hin. „Mir auch, bitte!“

„Ja, freilich“, sagt Frau Wegener. „Na, da will ich mal sehen, daß ich was Schönes finde.“ Die beiden Mädchen nicken eifrig. Frau Wegener verstaut die beiden Alben in ihrer Mappe.

Nicht weit entfernt stehen Susanne und Kirsten. Sie haben ihren beiden Klassenkameradinnen zugeschaut und sich angegrinst, als wollten sie sagen: „Guck mal an, die Kleinen.“

Jetzt wenden sie sich Frau Wegener zu. „Bekomme ich noch mehr Poesiealben?“ fragt diese.

„Nein“, antwortet Kirsten, und Susanne fügt hinzu: „So was hab' ich gar nicht. Ich wollte nur sagen ... ich hab' mich zu Kirsten gesetzt.“

„Ja, ich hab's gesehen.“

„Darf ich da sitzen bleiben?“

„Ich habe nichts dagegen.“

„Danke.“

Frau Wegener nimmt ihre Mappe und geht zur Tür. Susanne und Kirsten begleiten sie.

„Na, hast du dich schon ein bißchen bei uns eingelebt?“ fragt Frau Wegener Kirsten.

„Ja", sagt Kirsten zögernd.

„Und? Gefällt es dir hier?"

„Glaub' schon. Doch, es gefällt mir." Sie lächelt Susanne an, Susanne lächelt zurück.

Die Klasse hat Biologie. Der Biologiesaal ist verdunkelt. Frau Röder führt der Klasse einen Lehrfilm über Reptilien vor.

Plötzlich bricht der Film ab und es wird stockdunkel. „Jedesmal der Ärger", seufzt Frau Röder, „mach mal jemand das Licht an!"

Niemand kommt der Aufforderung nach. Statt dessen ertönt Gelächter und Getuschel.

„Laß das, du Wüstling", kreischt Bärbel auf.

„Licht an, hab' ich gesagt", brüllt Frau Röder.

„Jetzt macht doch endlich das Licht an!" äfft Konny sie nach und fügt noch ein „Zwielichtig" hinzu.

„Ich hab' solche Angst", wimmert Jan, und Katrin ruft mit gespielter Empörung: „Der Klaus küßt die Monika! Unzucht!"

Frau Röder hat sich inzwischen zum Lichtschalter getastet und betätigt ihn. Das Licht geht an.

Die Schüler sitzen alle brav auf ihren Plätzen, als könnten sie kein Wässerchen trüben, und blinzeln gegen das helle Licht.

Monika ärgert sich über Katrins letzte Bemerkung und ruft ihr zu: „Blöde Gans!"

Konny muß noch eins draufsetzen. „Ja, ja, der Klaus, das ist ein ganz schlimmer."

„Ruhe, bitte!" befiehlt Frau Röder und geht zum Vorführgerät. Sie untersucht es genau, um die Ursache für die Störung zu finden. Schließlich entdeckt sie, daß jemand den Stecker aus der Steckdose gezogen hat. Empört richtet sie sich auf und wendet sich an die Klasse. „Wer war das?!“

Niemand meldet sich. Birgit, Bärbel und Katrin sehen demonstrativ zu Kirsten hin.

„Da fehlt wohl jemand auf einmal der Mut?“ fragt Frau Röder lauernd. „Wer hat den Stecker herausgezogen?“

Ihr ist die Bewegung von Birgit und ihrer Clique nicht entgangen. Auch sie sieht jetzt zu Kirsten hin.

Kirsten weiß nicht, was das bedeuten soll. Sie sieht verlegen vor sich hin.

„Wenn du schon so'n Blödsinn machst, mußt du auch dazu stehen“, sagt Birgit leise, aber laut genug, daß Frau Röder es hören kann, zu Kirsten.

„Warst du das, Kirsten?“ fragt Frau Röder streng.

Kirsten sitzt sprachlos da, unfähig, auf Birgits Gemeinheit zu reagieren. Sie schüttelt nur den Kopf.

„Von dir hätte ich das am allerwenigsten gedacht“, fährt Frau Röder fort.

Susanne meldet sich.

Frau Röder beachtet sie nicht, sondern sieht immer noch Kirsten strafend an.

„Frau Röder“, sagt Susanne.

„Du bist still!“

„Aber Kirsten hat wirklich nicht . . .“

Thomas schimpft vor sich hin: „Immer den ersten besten!“

„Ich will jetzt nichts mehr hören!“ sagt Frau Röder. „Bernd und Thomas, ihr zieht die Jalousien hoch!“

Die beiden kommen langsam dem Befehl nach.

Frau Röder wendet sich an die Klasse: „Holt ein Blatt Papier heraus. Wir schreiben eine Kurzarbeit über das, was wir eben im Film gesehen haben."

Die Klasse fängt an zu murren.

Frau Röder läßt den Protest gar nicht erst laut werden: „Ruhe! Bedankt euch bei Kirsten."

Kirsten schüttelt ungläubig und resigniert den Kopf. Glaubt die wirklich, ich hätte den Stecker rausgezogen? denkt sie. Und was bezweckt die Birgit, dieses ausgekochte Biest, mit ihrer Lügerei?

Birgit grinst indessen zufrieden vor sich hin. Der hab' ich's aber gegeben, denkt sie, das wird diese eingebildete Ziege sich merken.

Nach der Stunde stellt Thomas Birgit vor dem Biologiesaal zur Rede. Ein großer Teil der Klasse hat einen Kreis um die beiden gebildet. Kirsten und Susanne sind nicht darunter.

Thomas ist wütend.

Birgit grinst ihn nur spöttisch und herausfordernd an.

„Na klar. Ich hab's ja selbst gesehen", regt Thomas sich auf, „du hast den Stecker rausgezogen, du gemeines Aas."

„Und wenn?"

„Du gehst sofort zur Röder und sagst, daß du es warst! Und bei Kirsten entschuldigst du dich!"

Birgit schlägt sich mit der Hand vor den Kopf. „Jetzt hab' ich's."

Thomas ist etwas irritiert. „Was?"

Birgit wendet sich an ihre Klassenkameraden. „Der ist verliebt. Total verknallt."

Einige Schüler lachen.

Thomas sieht Birgit verächtlich an, kann aber nicht verhindern, daß er rot wird. „Du bist vielleicht blöd!“ Er wendet sich ab, bahnt sich einen Weg aus dem Kreis und geht davon.

Birgit, Bärbel und Katrin lachen ihm häßlich nach.

Am Nachmittag treffen sich die Schüler der Klasse 6b, um das Klassenzimmer für die Faschingsparty zu dekorieren. Nicht alle sind erschienen; es fehlen zum Beispiel Birgit und ihre Clique.

Unter Herrn Lankes' Leitung schleppen die Schüler das Dekorationsmaterial ins Klassenzimmer und machen sich an die Arbeit. Das Klassenzimmer sieht bald wie verwandelt aus. Luftschlangen hängen von der Decke herab und vermitteln die Illusion, man befände sich in einem Zelt. Überall schweben Luftballons herum, die Lampen sind in Lampions gehüllt und alles, was sonst noch an die Schule erinnerte, hat man hinter buntem Krepp-Papier versteckt.

In einer Ecke des Raums hat Klaus eine Theke errichtet, an der später Getränke ausgegeben werden sollen, und eine andere Ecke hat Konny für die Aufnahme der Musikanlage auserkoren.

Harald schaut ihm skeptisch zu.

„So, und hier kommt der Plattenspieler hin“, sprudelt Konny los, „und da leg' ich mir die Platten zurecht. Die Lautsprecher müssen wir kurz vorher am Abend da und da aufhängen.“ Er deutet an die Stelle, wo er die Lautsprecher anbringen will.

„Ist doch noch gar nicht gesagt, ob wir überhaupt Platten auflegen“, wendet Harald ein.

„Was denn sonst?“

„Meine Kassetten.“

„Auf den Plattenspieler? Spinnst ja."
„Vielleicht bring' ich einen Recorder mit. Einen, der 60 Watt Ausgangsleistung hat."
„Gibt's ja gar nicht."
„Natürlich, du wirst schon sehen."
„Außerdem will deine Musik keiner hören."
„Klar", sagt Harald großspurig.
„Wer denn?"
„Der Oliver zum Beispiel."
„Ach der . . .", spottet Konny, „der hat ja keine Ahnung, was gut ist."
„Du vielleicht?"
„Und ob!"
Harald will noch etwas erwidern, wird aber von Kirsten abgelenkt, die halb auf einer Leiter steht und mit einer Girlande nicht zurechtkommt.
Harald geht langsam zu Kirstens Leiter.
Auch Thomas hat Kirstens Hilflosigkeit bemerkt. Er erreicht die Leiter vor Harald und steigt ein paar Sprossen hinauf. Dann greift er nach der Girlande. „So, gib mal her. Nee, laß ganz los."
„Hast du's?" fragt Kirsten, bevor sie die Girlande losläßt.
„Ja, laß los, so . . ." Es gelingt ihm, die Girlande zu befestigen.
„Allein hätt' ich das nie geschafft", sagt Kirsten bewundernd.
„War doch nicht schwer", erwidert Thomas bescheiden.
Die beiden klettern von der Leiter herunter.
Harald sieht Thomas verächtlich an. „Angeber."
Thomas schneidet ihm eine Grimasse.

Kirsten wendet sich an Thomas. „Trinkst du auch was?"

„Ich hab' nichts dabei."

„Aber ich. Komm." Sie geht zu ihrer Umhängetasche, holt eine Cola-Büchse heraus und öffnet den Verschluß. Dann hält sie Thomas die Büchse hin.

Thomas schüttelt den Kopf. „Nach dir."

Kirsten trinkt und gibt Thomas dann die Büchse. Während Thomas zu trinken beginnt, wird mit großem Hallo ein Klavier in das Klassenzimmer geschoben.

„Au prima", ruft Kirsten, „laßt mich mal!"

Sie angelt sich einen Stuhl, setzt sich und fängt an zu spielen.

Erstaunt registrieren ihre Mitschüler, wie gut Kirsten Klavier spielen kann. Langsam bildet sich ein Halbkreis um das Klavier.

Als Kirsten merkt, daß ihr alle zuhören und sie im Mittelpunkt des Interesses steht, bricht sie verlegen ab.

„Mach doch weiter", bittet Susanne.

„Das war toll, ehrlich", staunt Petra, und Thomas ruft begeistert: „Ja, spiel weiter!"

Aber Kirsten schüttelt den Kopf und steht auf.

Am nächsten Tag ist die Faschingsdekoration so weit beiseite geräumt, daß sie den Unterricht nicht beeinträchtigt. Herr Doktor Keiper hat es vorgezogen, das bunte Durcheinander im Klassenzimmer überhaupt nicht zur Kenntnis zu nehmen. Wie eh und je paukt er seinen Mathematikstoff ein. „Hängen zwei variable Größen so zusammen, daß dem n-fachen der einen das n-fache der anderen zugeordnet ist, so sagt man, die beiden Größen sind zueinander proportional."

Die Unruhe, die in der Klasse entsteht, veranlaßt Keiper abzubrechen. „Ruhe, verdammt noch mal!"

Es wird etwas leiser.

„Hat das jemand nicht verstanden?"

Die Klasse brüllt durcheinander.

„Ruhe! Genau so hab' ich mir das vorgestellt. Damit ihr das endlich begreift, macht ihr als Hausaufgaben Seite 77, Nr. 14a bis f, Nr. 15a bis h und Nr. 16a bis f."

Ein wahrer Proteststurm erhebt sich in der Klasse.

Bernd ruft Thomas zu: „Los, sag's ihm doch!" Und Konny fügt hinzu: „Wofür haben wir dich sonst zum Klassensprecher gewählt?"

Thomas steht auf.

Sofort wird es still in der Klasse.

„Was ist?" fragt Keiper.

„Entschuldigen Sie, Herr Doktor Keiper", sagt Thomas brav. „Wir wollten Sie bitten, uns heute keine Hausaufgaben aufzugeben."

„Warum?"

„Wir haben heute unsere Faschingsparty, und da . . ."

„Das hättet ihr euch früher überlegen müssen", unterbricht Keiper ihn. „Erst Rabatz machen und dann . . . Nee, Freunde, es bleibt dabei."

„Bravo!" ruft Birgit in die Klasse. „Die blöde Faschingsfete. Da geht eh keiner hin." Bärbel und Katrin stimmen zu.

Keiper fragt Birgit erstaunt: „Was meinst du, Birgit?"

Birgit setzt sich in Positur und sagt affektiert: „Ich finde das gut mit den Hausaufgaben. Die Übung haben hier einige nötig."

Es setzt ein wütendes Geschimpfe der meisten Schüler ein.

Gleichzeitig ertönt die Schulglocke. Keiper packt seine Sachen und macht, daß er aus dem Klassenzimmer kommt.

Kaum ist er fort, fallen die Schüler über Birgit her.

„Blödes Miststück", ruft Dagmar.

„Pah, selber", ist die Antwort.

„Warum machst du das eigentlich?" fragt Susanne, und Konny erklärt ihr: „Weil sie so abgefahren ist."

„Die will uns nur den Spaß verderben", vermutet Jan.

„Spaß, die blöde Faschingsparty", meint Birgit arrogant. „Ich komm' bestimmt nicht."

„Hoffentlich", sagt Jan, und Andreas pflichtet ihm bei: „Auf dich können wir verzichten."

„Blödmänner, doofe", setzt Birgit sich zur Wehr.

„Hört mal alle her!" ruft Thomas jetzt.

Es wird still.

„Wir machen die Hausaufgaben einfach nicht", schlägt Thomas vor.

Die Schüler brüllen Zustimmung.

„Wenn keiner sie hat", sagt Thomas listig, „kann uns der Keiper nichts."

„Genau", stimmt Oliver zu.

„Wir müssen uns aber auch alle dran halten", ermahnt Thomas seine Mitschüler eindringlich. Dann wendet er sich an Klaus: „Du auch, Klaus. Ja?"

„Was denkst du denn?" brummt Klaus beleidigt.

Birgit zeigt Thomas einen Vogel. Dann wendet sie sich Bärbel und Katrin zu und tuschelt mit ihnen.

Möchte nur wissen, was die wieder für eine Gemeinheit ausbrütet, denkt Thomas noch.

Die Faschingsparty hat vor nicht allzu langer Zeit begonnen. Konny, der als Mädchen verkleidet ist, legt gerade die erste Platte auf.

Kirsten, die das Kostüm einer Zigeunerin trägt, nutzt den Umstand, daß es im Raum noch ziemlich leer ist, und tanzt zu der Musik. Susanne, die ein Phantasiekostüm aus den zwanziger Jahren trägt, sieht ihr bewundernd zu.

Thomas und Christian schleppen einen Cola-Kasten in den Raum und stellen ihn hinter der Theke ab, wo Klaus bereits seinen Platz als Getränkewart eingenommen hat.

Klaus hat sich nicht sonderlich originell kostümiert: ein Ringelpullover und ein angemalter Stoppelbart sind alles. Thomas trägt ein Trikot des VfB mit der Nummer 10 auf dem Rücken, Christian ein Sultanskostüm, das so aussieht, als stamme es aus einem Kostümverleih.

„He, wen stellst denn du dar?" fragt Klaus jetzt Thomas.

„Sieht man das nicht?"

„Ich jedenfalls nicht."

„Hansi Müller. Ist doch klar."

„Und wer ist das?"

„Willst du mich verarschen?"

„Bestimmt nicht."

„Noch nie was vom VfB Stuttgart gehört?"

Jetzt fällt bei Klaus der Groschen. „Ach, der", brummt er gelangweilt.

Inzwischen sind noch andere Schüler eingetroffen, langsam füllt sich der Raum. Kirsten hat aufgehört zu tanzen und gesellt sich zu Dagmar und Susanne. Thomas geht zu Konny, um mit ihm irgend etwas wegen der Musik zu besprechen.

In dem Augenblick betritt Harald den Raum. Auch er trägt

das Trikot des VfB. Sein Kommen wird mit großem Hallo registriert, womit Harald offensichtlich nicht gerechnet hatte. Verwirrt sieht er sich um.

Christian geht zu ihm. „Wer bist du denn?"

„Hansi Müller, wer sonst?"

Klaus fängt an, albern zu kichern. „Der ist längst da."

Bernd macht Harald auf Thomas aufmerksam.

Thomas wendet sich gerade von Konny ab und dreht sich um. Langsam geht er auf Harald zu.

Die beiden Jungen sehen sich böse an und mustern sich. Plötzlich fängt Thomas an zu lachen. „Find' ich komisch. Wir sind beide auf dieselbe Idee gekommen. Wenn du Hansi Müller bist, bin ich eben der Elmer. Einverstanden?"

Das Eis ist gebrochen, auch Harald muß jetzt lachen. „Einverstanden, Sportsfreund."

Er nimmt seine Sporttasche auf und geht in Konnys Richtung. In dem Moment erscheint Petra. Sie ist als Haremsdame verkleidet, ihr Kostüm paßt erstaunlich gut zu dem von Christian.

„He, Christian", ruft Jan, „die ist für dich . . ."

„Spinner", murmelt Petra verlegen, und Christian wehrt ab: „Laß mich in Ruhe."

Das Aufsehen, das Christian und Petra erregen, hält nicht lange an, denn jetzt kommen die Lehrkräfte: Frau Wegener ist als kleines Mädchen verkleidet und Herr Lankes als Clown.

Man bestaunt die beiden gebührend.

In der Musikecke holt Harald indessen aus seiner Sporttasche den Kassettenrecorder, mehrere Kabel und einen Behälter mit vielen Kassetten hervor.

Konny beobachtet ihn neugierig. „Was soll'n das? Hier hast du nichts zu suchen."

„Ich will nur was ausprobieren."

Harald betrachtet sich eingehend den Plattenspieler. „Wie ich mir dachte. Der hat einen separaten Verstärker."

„Na und?" fragt Konny mißtrauisch.

„Da kann ich meinen Recorder dranhängen."

„Nichts da!"

„Sei doch nicht so. Sonst können wir meine Musik nicht hören."

„Die will sowieso keiner hören."

„Das werden wir ja sehen."

„Aber nicht, solange ich hier sitze."

Harald sieht ihn lauernd an. „Irgendwann mußt du mal pinkeln gehen, und dann . . ."

„Ich kann es tagelang aushalten, ohne zu pinkeln", prahlt Konny.

„Da bin ich aber gespannt."

Die Platte, die gerade aufliegt, ist abgelaufen.

Konny schiebt Harald beiseite. „Stör mich jetzt nicht, ich hab' zu tun."

Er fischt eine neue Platte aus dem Stapel und legt sie auf. Es ertönt eine Musik mit Stampfrhythmus, nach der auch Ungeübte tanzen können. Kirsten und Susanne tanzen allein vor sich hin, auch Thomas macht solo ein paar Tanzschritte. Die übrigen Jungen stehen verlegen herum, schauen aus den Augenwinkeln den Tanzenden zu, unterhalten sich oder besorgen sich bei Klaus etwas zu trinken. Frau Wegener tanzt mit Herrn Lankes, die beiden machen komische Verrenkungen, was von einigen Schülern mit Gelächter quittiert wird.

Jürgen kommt jetzt in den Partyraum. Er hat sich als Fotoreporter verkleidet und ist mit Fotoapparat und Blitzlichtgerät ausgestattet. Er hopst gleich in dem Gewühle herum und macht Aufnahmen.

„Hast du überhaupt 'nen Film drin?" fragt Christian.

„Weiß nicht", antwortet Jürgen.

„Komm, sag schon", dringt Michael in ihn.

„Laß dich doch überraschen", rät Jürgen ihm und hüpft weiter hin und her, um eine günstige Position für ein Foto von Frau Wegener und Herrn Lankes zu finden.

Harald geht an die Getränketheke zu Klaus. „Schieb mal zwei Cola rüber", sagt er großspurig.

„Nur gegen Vorkasse."

„Wieviel?"

„Eine Mark."

Harald gibt ihm die Mark.

Klaus reicht ihm die Colaflaschen. „Der Öffner ist da . . ."

„Für 'ne Mark kann man eigentlich verlangen, daß einem die Flaschen geöffnet werden", wendet Harald ein.

„Na gut, du Flasche", brummt Klaus und will nach dem Öffner greifen.

„Ach, laß schon", sagt Harald und öffnet die Flaschen selbst. Dann schlendert er zu Konny hinüber. Er hält ihm eine der Flaschen vor die Nase. „Hier, spendier' ich dir."

Konny grinst ihn breit an. „Ich weiß schon, warum. Aber da wird nichts draus." Konny setzt die Flasche an und nimmt einen langen Zug.

Im Raum entsteht jetzt ein großes Hallo. Die Ursache dafür ist das Erscheinen von Birgit, Bärbel und Katrin. Alle drei tragen das gleiche Kostüm, nämlich himmelblaue Ballett-

Trikots. Bei Birgit sieht das unfreiwillig komisch aus, denn ihre Figur paßt nun einmal nicht dazu.

Die drei stehen blasiert herum.

Dagmar, zu deren Kostümierung es gehört, daß sie ihre Brille abgelegt hat, blinzelt sie kurzsichtig an. „Was stellt ihr denn dar?"

„Choreographinnen natürlich", sagt Birgit affektiert, und fügt noch verächtlich hinzu: „Blindschleiche ..." Birgit steuert einen der Tische an, die an der einen Seite des Raums stehen. Bärbel und Katrin folgen ihr. Die drei Mädchen setzen sich.

Katrin steht gleich wieder auf, um an der Theke bei Klaus für sich und ihre Freundinnen etwas zu trinken zu besorgen.

Die Musik endet. Frau Wegener und Herr Lankes hören zu tanzen auf und gehen zu dem Tisch, an dem Birgit und ihre Freundinnen sitzen. „Ist hier noch Platz?" fragt Frau Wegener, und Birgit sagt gnädig: „Ja." Die Mädchen rücken zusammen, um Platz für die Lehrer zu machen.

Konny hat inzwischen eine neue Platte aufgelegt. Es ertönt flotte Musik, und der eine oder andere beginnt zu tanzen. Birgit und ihre Freundinnen sehen dem Treiben blasiert zu. Kirsten tanzt nun nicht mehr allein, sondern mit Thomas. Und Harald tanzt mit Susanne.

Die Stimmung steigt. Einige Schüler fangen an, Quatsch zu machen. So etwa Oliver, der wie ein Gnom um Monika herumhüpft, die sich als Hexe verkleidet hat, und die das Spiel mitmacht. Jan kümmert sich um Andrea, und Christian tanzt, ob Zufall oder nicht, mit Petra.

Zwischen allen hüpft Jürgen hin und her und fotografiert.

Die ganze Klasse ist auf den Beinen, bis auf Konny natürlich und die drei Mädchen der Clique, die zusammen mit den Lehrkräften am Tisch sitzen.

„Wollt ihr nicht tanzen?“ fragt Frau Wegener sie.

„Wozu?“ fragt Birgit zurück.

„Macht doch Spaß“, mischt Herr Lankes sich ein.

„Tatsächlich?“

„Ja.“

„Tanzen Sie mit mir?“

Lankes lacht. „Meinetwegen.“ Birgit und Lankes stehen auf und mischen sich unter die Tanzenden.

Konny sitzt indessen an seinem Platz hinter dem Plattenspieler und zappelt unruhig herum. Die Cola tut ihre Wirkung. Konny vergewissert sich, daß die Platte noch eine Zeitlang spielen wird, und verläßt schließlich seinen Platz. Bemüht, so wenig Aufsehen wie möglich zu machen, bahnt er sich einen Weg durch die Tanzenden und flitzt dann aus dem Zimmer.

Trotz all seiner Vorsicht hat Harald Konnys Abgang mitbekommen. Der hört zu tanzen auf und eilt zur Musikanlage. Schnell verbindet er seinen Recorder über ein Kabel mit dem Verstärker des Plattenspielers, betätigt einige Schalter, und schon wird die Musik vom Plattenspieler übergangslos von der seines Recorders abgelöst. Ragtime schallt jetzt durch den Raum.

Die Schüler stellen ihre Tanzerei ein und protestieren.

„Was soll denn das?“ empört sich Thomas, der gerade so schön mit Kirsten getanzt hatte.

„Gerade, wenn man so schön dabei ist“, pflichtet ihm Michael bei.

„Aufhören, aufhören!" kreischt Susanne, die Ragtime nun mal nicht ausstehen kann.

Konny kommt in den Raum zurückgeprescht, rast zu seinem Platz und sieht Harald mißbilligend an. Mit flinken Fingern entfernt er Haralds Kabel, und gleich darauf ertönt wieder die gewohnte Musik. Einige der Schüler tanzen weiter.

Herr Lankes nutzt die Gelegenheit, um eine Tanzpause einzulegen. „Ich muß mich jetzt erst mal ausruhen", erklärt er Birgit. Birgit nickt und folgt Lankes zum Tisch zurück. Christian und Petra tanzen übermütig zu der Musik eine Art Phantasie-Polka. Sie rempeln aus Versehen Birgit an.

„Blödes Volk", zischt Birgit.

„Entschuldigung", ruft Petra ihr zu.

„Pah ...", macht Birgit und setzt sich.

Christian und Petra lachen übermütig, was Birgit offenbar in die falsche Kehle bekommt. Sie wendet sich Katrin und Bärbel zu und tuschelt mit ihnen.

Katrin und Bärbel stehen auf und fangen an zu tanzen. Aber nicht, wie sich bald herausstellt, weil es ihnen Spaß macht, sondern um Petra und Christian zu stören.

Denen wird es bald zu bunt. Sie hören auf und setzen sich, getrennt voneinander, an den Rand.

Als Monika und Andrea am nächsten Morgen im Lehrerzimmer das Klassenbuch abholen, treffen sie auf Frau Wegener.

„Na, habt ihr alles gut überstanden?" fragt die Lehrerin.

„Ja, so halbwegs", meint Andrea.

Frau Wegener lacht. „Das war die schönste Faschingsparty, die ich je mitgemacht habe."

„Wirklich?" staunt Monika.

„Bestimmt. Ach, wartet mal, ich hab' was für euch." Sie verschwindet im Lehrerzimmer.

Andrea und Monika sehen sich fragend an.

Frau Wegener kommt wieder und gibt den beiden Mädchen die Poesiealben zurück. „Da, eure Poesiealben."

Die beiden Mädchen bedanken sich artig.

Im Klassenzimmer herrscht indessen ein ziemliches Gedränge. Jürgen hat die Fotos von der Faschingsparty dabei und zeigt sie seinen Mitschülern.

„Versteh' ich nicht", wundert sich Michael, „wie kannst du die Fotos heute schon haben?"

„Macht mein Alter doch selber", erklärt Jürgen. „Gleich als ich nach Hause kam, hat er den Film entwickelt und noch in der Nacht die Abzüge gemacht."

„Flottes Kerlchen, dein Alter", meint Konny anerkennend.

„Leg doch die Fotos mal alle auf den Tisch", schlägt Birgit vor, „so kann man doch nichts sehen."

„Oder besser, häng sie da an der Leiste auf", rät Thomas und fügt hinzu: „Komm, ich helf' dir."

Jürgen und Thomas gehen zu der Leiste, die an der Längswand des Klassenzimmers befestigt ist und die zum Aufhängen von Bildern, Plakaten oder ähnlichen Dingen vorgesehen ist. Sie hängen die großformatigen Fotos auf. Jedes Foto wird von den Schülern kommentiert. Besonderes Gelächter ruft ein Foto hervor, auf dem Petra und Christian zu sehen sind. Es scheint fast so, als würden die beiden auf dem Foto sich küssen.

Birgit entdeckt das sofort. „He, was machen die denn?"

„Die knutschen ja", sagt Katrin mit gespielter Empörung.

„Ihr spinnt", mischt Christian sich jetzt ein.

„Guck doch hin", beharrt Birgit.

Petra ist sehr verlegen geworden. Sie wendet sich ab, geht zu ihrem Platz, setzt sich und träumt mit ihren großen Augen vor sich hin.

Andrea und Monika kommen jetzt ins Klassenzimmer. Sie sehen zu dem Getümmel vor den Fotos hin. Dort ist inzwischen ein Streit zwischen Christian und Birgit ausgebrochen. Christian will das peinliche Foto entfernen, Birgit will ihn daran hindern. Birgit reißt das Foto schließlich von der Leiste und steckt es in ihre Bluse.

„Gib her, das gehört mir", brüllt Jürgen sie an.

„Hol dir's doch ...", sagt Birgit spöttisch und rennt davon.

Jürgen versucht gar nicht erst, sie zu verfolgen.

„Laß die doch", sagt Christian mit einer abfälligen Handbewegung in Birgits Richtung.

Monika und Andrea setzen sich an ihre Plätze und holen ihre Poesiealben hervor. Sie blättern darin und lesen schließlich, was Frau Wegener ihnen hineingeschrieben hat.

Konny hat sie beobachtet. Er winkt Michael zu sich und flüstert ihm etwas zu. Die beiden Jungen schleichen sich hinter Monika und Andrea und sehen den beiden Mädchen über die Schulter.

„Was hat sie denn geschrieben?" fragt Konny Andrea, und Michael fordert sie auf: „Lies vor!"

Andrea fühlt sich geschmeichelt. „Meinetwegen." Sie räuspert sich und liest mit klarer Stimme: „Einen klaren Verstand, ein Paar helle Augen, helfende Hände und ein dankbares

Herz, das wünscht Dir, liebe Andrea, Deine Lehrerin Elisabeth Wegener."

„Kitschig", sagt Katrin sofort und Konny pflichtet ihr bei: „Echt abgefahren, würde ich sagen. Und zwielichtig."

Michael wendet sich an Monika. „Was steht bei dir drin?"

„Geht euch doch nichts an!"

Jan kommt in die Klasse gerannt. „Achtung, er kommt!" Die Schüler flitzen an ihre Plätze.

Keiper betritt das Klassenzimmer. „Guten Morgen. Setzen!"

Die Schüler erwidern den Gruß und setzen sich mit dem üblichen Getöse.

„Wir wollen den Stoff von gestern noch mal vertiefen", beginnt Keiper. „Wer kommt freiwillig an die Tafel?"

Birgit meldet sich aufgeregt.

„Ja, Birgit, komm vor."

„Sie müssen doch erst die Hausaufgaben kontrollieren", erinnert ihn Birgit.

„Hatte ich euch welche aufgegeben?"

„Eine ganze Menge." Birgit hält ihr Heft hoch. „Ich hab' sie diesmal besonders ordentlich gemacht."

„Ich auch", ruft Bärbel und hält ebenfalls ihr Heft in die Höhe.

„Und ich erst ...", läßt Katrin sich vernehmen.

Die anderen Schüler fangen an zu murren.

„Das ist mal wieder typisch", knurrt Thomas, und Oliver fügt hinzu: „Ihr seid vielleicht Streber!"

„Zwielichtige Bande!" empört Konny sich.

„Ich sehe mir die Hausaufgaben das nächste Mal an", erhebt jetzt Keiper seine Stimme.

Die Schüler reagieren auf diese Ankündigung erst mit Erstaunen, dann mit einem befreienden Gelächter. Nur Birgit, Katrin und Bärbel stimmen nicht in das Gelächter ein, sondern sehen sauer vor sich hin.

„So, jetzt aber Ruhe!" verlangt Keiper. „Birgit, du wolltest nach vorne . . ." Birgit sieht den Mathe-Lehrer beleidigt an.

Geschieht ihr ganz recht, denkt Kirsten nicht ohne Schadenfreude, hoffentlich nimmt sie sich das jetzt mal zu Herzen und ändert sich.

April

Wieder sind zwei Monate vergangen. Wir haben jetzt Ende März, und draußen kündigt sich bereits das Frühjahr an.

Thomas und Harald kommen seit neuestem ganz gut miteinander aus. Das heißt, sie gehen nicht mehr bei jeder sich bietenden Gelegenheit wie zwei Kampfhähne aufeinander los. Wie es dazu kam, ist schnell erzählt. Harald und Thomas hatten ja beide ein Auge auf Kirsten geworfen, wie man so sagt. Mal sah es so aus, als würde sie Thomas den Vorzug geben, dann wieder schien Harald das Rennen zu machen. Und eines Tages stellten dann beide fest, daß Kirsten sich heimlich hinter ihrem Rücken mit einem Typ aus der achten Klasse befreundet hatte. Geteiltes Leid ist halbes Leid, dachten beide und einigten sich. Kirsten lassen sie allerdings seither links liegen.

Für Birgit war Kirsten, die schöne, beliebte und musikalische Kirsten, natürlich eine Herausforderung. Als sie aber merkte, daß ihre Spöttereien, Hänseleien und Gemeinheiten an Kirsten einfach abprallten, wurde es Birgit auf die Dauer langweilig. Sie suchte sich neue Opfer und fand sie schließlich in Petra und Christian, um die es seit der Faschingsparty so ein Gerede gab. Natürlich nur hinter dem Rücken der beiden.

Die Klasse hat Englisch, und zwar diesmal bei Fräulein Lettner. Die Schüler sind unaufmerksam und unruhig. Bernd und Jan, die durch das Lehrerpult Deckung haben, spielen unter der Bank Karten. Birgit unterhält sich leise mit Katrin. Harald schießt Papierkrampen durch das Klassenzimmer. Fräulein Lettner tut, als bemerke sie das alles nicht, und zieht den Unterrichtsstoff durch, ohne sich um die Teilnahme der

Klasse zu kümmern. Unter den wenigen, die mitmachen, befindet sich erstaunlicherweise Jürgen.

„So, wer möchte denn mal vorlesen?“ fragt Fräulein Lettner.

„Niemand“, ruft Konny in die Klasse.

Fräulein Lettner übergeht diesen Zwischenruf. „Jürgen, möchtest du es mal versuchen?“

„Der kann doch nur stottern“, wirft Jan ein, und Konny fängt sofort an, Jürgens Aussprache nachzuäffen: „The, they, them ...“

Auch diese Bemerkungen nimmt Fräulein Lettner nicht zur Kenntnis.

Jürgen ist etwas verlegen geworden, reißt sich aber zusammen. „Von wo an soll ich lesen?“

Fräulein Lettner nennt ihm die Stelle, und Jürgen fängt an zu lesen: zögernd, um nicht zu sagen, stockend. Offenbar ist er ständig darauf gefaßt, wie üblich unterbrochen zu werden. Aber Fräulein Lettner läßt ihn weiterlesen.

Jürgen gewinnt langsam Zutrauen, sein Selbstbewußtsein wächst, und er liest die Textstelle fließend zu Ende, ohne sich zu versprechen, ohne zu stottern und ohne große Schwierigkeiten mit dem englischen „th“ zu haben.

Als er fertig ist, strahlt Fräulein Lettner ihn an. „Danke, Jürgen. Das war sehr gut. Du machst dich.“

Jan äfft sie nach und ruft Konny zu: „Er macht sich ...“

„Aber höchstens ins Hemd“, ruft Konny zurück.

„So, Konny“, spricht Fräulein Lettner ihn an, „du kommst jetzt vor an die Tafel und schreibst ...“

„Warum ich?“ beschwert Konny sich.

Fräulein Lettner will es nicht auf eine Machtprobe ankommen lassen, denn sie hat zu große Angst davor zu unterliegen. Sie wendet sich an Klaus. „Dann eben du."

Klaus erhebt sich und geht langsam nach vorne.

„Der geht tatsächlich", platzt Konny heraus, „ist ja gezukkert . . ."

Fräulein Lettner sieht jetzt, daß die Tafel vollgeschrieben ist. „Wer hat Tafeldienst?"

Aus allen Ecken des Klassenzimmers ertönen Ich-Rufe, aber niemand macht Anstalten, die Tafel zu säubern.

„Ist ja auch egal", sagt Fräulein Lettner resigniert. Sie klappt die Tafel auf.

Auf die Innenseite hat jemand das Foto von Christian und Petra geheftet, das Jürgen während der Faschingsparty geknipst hatte und auf dem es so aussieht, als würden die beiden sich küssen. Um das Foto ist ein großes Herz gemalt, das von einem Pfeil durchbohrt wird. Über dem Herzen steht in großen Buchstaben „Christian liebt Petra", und darunter „Petra liebt Christian". Sofort entsteht lautes Gelächter und Durcheinandergerufe.

„Christian liebt Petra", liest Bärbel vor, und Katrin ergänzt: „Petra liebt Christian."

„Gezuckert, zwielichtig, ölig und abgefahren", freut Konny sich, und Jan fügt hinzu: „Die beiden . . . ich hab's ja immer gesagt."

Alle sehen zu Petra und Christian hin. Denen ist die Situation äußerst peinlich. Sie sehen vor sich hin und trauen sich nicht aufzublicken.

„Ruhe! Seid sofort still!" ruft Fräulein Lettner und versucht, Herr der Lage zu werden. Niemand kümmert sich um sie, der Lärm, das Gerufe und Gelache werden immer lauter.

Auf dem Höhepunkt des Radaus wird die Tür aufgerissen und Frau Grauf erscheint. Augenblicklich ist es still in der Klasse. Frau Grauf schließt die Tür hinter sich, geht zu Fräulein Lettner und sieht sie mißbilligend an. Dann wirft sie einen Blick auf die Tafel und liest die Anschrift. Kopfschüttelnd wendet sie sich der Klasse zu. „Darf ich fragen, was das soll? Man hört euch bis draußen auf den Gang."

Die Schüler senken ihre Blicke und tun ganz unschuldig. Hier und da läßt sich noch ein leises Kichern vernehmen.

„Wer hat die Tafel vollgeschmiert?" fragt Frau Grauf.

„Vermutlich der Christian", meint Birgit.

Wieder flackert das Gelächter auf.

„Ruhe jetzt! Birgit, du wischst die Tafel sauber!"

„Ich hab' aber keinen Tafeldienst", wendet Birgit ein.

„Du tust augenblicklich, was ich dir gesagt habe!"

Birgit erhebt sich und geht maulend nach vorne, um die Tafel zu wischen.

Frau Grauf wendet sich wieder der übrigen Klasse zu. Während sie spricht, steht Fräulein Lettner abseits und ziemlich verloren da.

„Und jetzt hört mir mal gut zu. So geht das nicht weiter, Herrschaften. Wenn ihr glaubt, ihr könntet euch bei Fräulein Lettner benehmen wie ein Haufen wildgewordener Affen, dann habt ihr euch gewaltig geschnitten. Ich möchte euch daran erinnern, daß es im Juli Zeugnisse gibt! Im übrigen macht Fräulein Lettner nächste Woche bei euch eine Lehrprobe. Nachher habt ihr noch eine Stunde bei Fräulein Lettner . . ." „Ölig", flüstert Konny, und Frau Grauf fährt fort: „Daß mir da keine Klagen kommen!"

Petra traut sich in der Pause nicht auf den Schulhof, weil sie Angst hat, ausgelacht zu werden. Sie geht mit Andrea einen Korridor im Schulgebäude entlang. „Was hab' ich denen denn getan?“ fragt sie verzweifelt. „Ausgerechnet der Christian . . .“

„Ich finde den eigentlich ganz nett“, wendet Andrea ein.

„Ja?“ fragt Petra zweifelnd. „Trotzdem, so was Gemeines.“

„Reg dich doch nicht so auf“, versucht Andrea sie zu trösten. „Die wollen nur, daß du dich ärgerst, und wenn du jetzt noch zeigst, daß sie damit durchkommen . . .“

„Komm, schwätz nicht so klug“, unterbricht Petra sie. „Was würdest du sagen, wenn da stehen würde, Christian liebt Andrea?“

Andrea zuckt mit den Schultern. „Weiß nicht.“

„Wir können's ja ausprobieren. Ich schreib' an die Tafel . . .“

„Wehe“, fällt Andrea ihr ins Wort, „wenn du das machst . . .“

Petra lacht. „Na, siehst du?“

Die beiden Mädchen haben den Vorplatz vor dem Lehrerzimmer und dem Elternsprechzimmer erreicht, wo mit Blumenkästen und Pflanzentrögen eine Sitzmöglichkeit für Wartende abgeteilt worden ist. Andrea bleibt wie angewurzelt stehen: sie sieht dort ihre Mutter sitzen, ohne von dieser gesehen zu werden.

„Was ist denn los?“ fragt Petra verwundert.

Andrea dreht sich wortlos um und geht den Korridor zurück.

Petra folgt ihr. „Bleib doch stehen. Was ist denn?“

„Meine Mutter“, bringt Andrea mit leiser Stimme hervor.

„Was? Wo?“

„Sie sitzt da hinten.“ Andrea ist verzweifelt. „Mensch, ich hatte total vergessen, daß sie heute in die Schule kommt.“

„Na und?“

„Die wird sich wundern, wo ich überall 'ne Fünf geschrieben habe.“

„Hast du das zu Hause verheimlicht?“

„Du hast ja keine Ahnung, was die immer für ein Theater machen.“

Petra sieht sie bedauernd von der Seite an, will etwas sagen, läßt es dann aber doch sein.

Im Schulhof stehen Thomas, Andreas und Christian beisammen und unterhalten sich. Nicht weit von ihnen entfernt halten sich Birgit, Katrin und Bärbel auf.

Susanne, Kirsten und Dagmar gehen in der Nähe auf und ab.

„Au ja, das machen wir“, sagt Kirsten gerade. „Ich besorge Karten, das ist kein Problem. Vielleicht krieg' ich sogar Freikarten oder Steuerkarten, das müßte eigentlich klappen. Wart ihr schon mal in einer Ballettvorstellung?“

„Nein“, sagt Dagmar.

„Einmal“, erinnert Susanne sich, „aber das ist schon lange her.“

„Tanzt deine Mutter auch mit?“ erkundigt sich Dagmar.

„Nee, die studiert mit den Tänzern die ganzen Tänze ein und so . . . Aber selber tanzt sie nicht mehr mit. Früher war sie mal Primaballerina.“

„Was ist denn das?“ fragt Dagmar.

„So nennt man die erste Tänzerin. Es gibt Fotos von meiner Mutter, ganz süß . . ."

„Toll", sagt Dagmar ein bißchen neidisch, „du hast es gut."

„Wieso?"

„Ich mein' bloß so. Mit deiner Mutter . . ."

„Was zieht man denn da an?" mischt sich jetzt Susanne ein.

„Du meinst zu der Vorstellung?"

„Ja."

„Ganz normal."

„So in Jeans, wirklich?" wundert Dagmar sich.

„Na ja, Jeans müssen es ja nicht unbedingt sein."

„Ich weiß schon, was ich anziehe", sagt Susanne.

„Was denn?" will Dagmar wissen.

„Ich hab' so einen Wickelrock, ganz irre . . . und dazu 'ne rote Bluse."

Während die Mädchen weiter über das Garderobe-Problem sprechen, gibt Andreas seinen Freunden gerade eine Erklärung ab. „Ich mache das ganz systematisch. Jetzt hab' ich erst mal mit Goethe angefangen. Wenn ich den fertig gelesen habe, kommt Schiller dran, und dann Lessing und . . . weiter weiß ich selbst noch nicht genau. Jedenfalls hab' ich dann die Klassiker erst mal durch."

Thomas und Christian sehen sich bedeutungsvoll an, trauen sich aber nicht, Andreas auszulachen.

„Verstehst du denn, was du da liest?" will Thomas wissen.

„Nicht alles, aber das meiste."

„Ist das nicht furchtbar langweilig?" erkundigt sich Christian.

„Darauf kommt es nicht an. Ich hab' mal so ungefähr überschlagen ... wenn ich jetzt nicht anfange zu lesen, komm' ich mit der Literatur nie durch."

Thomas und Christian schütteln den Kopf.

In dem Moment treten Petra und Andrea auf den Schulhof.

„Guck mal, da", macht Bärbel ihre Freundinnen auf die beiden aufmerksam.

„He, Christian", ruft Birgit, ohne zu zögern, „deine Verliebte kommt."

Christian wird rot vor Verlegenheit. „Blöde Gans."

„Mußt doch nicht gleich rot werden", hänselt Birgit ihn weiter. „Es hat ja keiner was dagegen, daß du verknallt bist."

Kirsten, Susanne und Dagmar sind inzwischen wieder auf ihrem Rundgang bei Birgit und ihrer Clique angelangt. Sie haben den kurzen Disput mitgehört.

Kirsten wendet sich Birgit zu. „Du bist vielleicht kindisch."

„Und du ... du ...", stottert Birgit.

„Na, was denn?"

Birgit mustert Kirsten von oben bis unten und sagt dann altklug: „Merkt man doch gleich, wenn jemand ohne Vater groß werden muß."

Kirsten grinst nur. „Ich mach' dir einen Vorschlag. Du kümmerst dich nicht um meine Angelegenheiten, und ich frag' dich nicht, wie's bei dir zu Hause aussieht. Okay?" Ohne eine Antwort abzuwarten, wendet Kirsten sich um und geht davon. Dagmar, Susanne und die drei Jungen schließen sich ihr an.

Birgit und ihre Freundinnen bleiben allein zurück. Was

Kirsten da eben gesagt hat, scheint gesessen zu haben. Birgit starrt jedenfalls betroffen vor sich hin und denkt nicht einmal daran, es Kirsten zurückzugeben.

Die Schüler toben im Klassenzimmer herum. Fräulein Lettner kommt in die Klasse. Herr Rebele folgt ihr. Er schiebt einen Wagen vor sich her, auf dem ein Fernseh- und ein Videogerät installiert sind. Es wird etwas leiser in der Klasse. Neugierig schauen die Schüler nach vorne.

„Wenn Sie es dort hinstellen würden", weist Fräulein Lettner Herrn Rebele an. „Ja, da. Danke, den Rest mach' ich dann alleine."

„Wie Sie wollen", murmelt Herr Rebele skeptisch und fügt hinzu: „Nach der Stunde hol' ich's wieder ab." Dann verläßt er das Klassenzimmer.

Fräulein Lettner wendet sich an die Klasse. „Ich hab' euch heute einen englischen Film mitgebracht. Ihr müßt aber auch schön leise sein." Die Schüler reagieren kaum auf diese Ankündigung. „Setzt euch bitte auf eure Plätze."

Langsam kommen die Schüler der Aufforderung nach.

Als alle sitzen, macht Fräulein Lettner sich an den Geräten zu schaffen. Jede ihrer Bewegungen wird von den Schülern aufmerksam verfolgt. Zunächst steckt Fräulein Lettner den Stecker in die Dose. Dann schaltet sie die Geräte ein. Nichts rührt sich.

Fräulein Lettner prüft, ob der Stecker auch richtig in der Dose steckt. Das tut er offensichtlich.

Unterdrücktes Gekicher kommt auf.

Fräulein Lettner wird etwas nervös und hantiert hektisch an den Geräten herum.

Jürgen meldet sich mit einem Schnalzen.

Fräulein Lettner sieht hoch. „Ja, Jürgen?"

„Die Steckdose ist kaputt."

„Feigling, schleimiger", zischt Harald ihm zu.

„Hättet ihr mir das nicht gleich sagen können?" fragt die Lettner vorwurfsvoll.

Jürgen zuckt verlegen mit den Schultern.

„Jedenfalls vielen Dank, Jürgen. Gibt's hier noch eine Steckdose?"

„Unter dem Fenster und an der Rückwand", ruft Klaus.

Fräulein Lettner sieht sich um, entdeckt die Dosen, zieht den Stecker aus der defekten Steckdose und schiebt den Wagen quer durch das Klassenzimmer nach hinten.

„Da können wir aber nichts sehen", wendet Bernd ein.

Fräulein Lettner prüft die Lage. „Ihr müßt euch eben umsetzen. Setzt euch so, daß alle sehen können. Inzwischen bereite ich die Geräte vor."

Mit großem Hallo rücken die Schüler die Tische um und schieben die Stühle in andere Positionen.

„Seid bitte leise", ruft Fräulein Lettner ihnen zu. „Man muß ja nicht im ganzen Haus hören, was hier los ist." Sie steckt den Stecker in die Dose und schaltet die Geräte ein. Diesmal klappt es. Dann holt sie eine Videokassette hervor und versucht, sie einzulegen, was ihr deutlich Schwierigkeiten bereitet.

Die Schüler haben inzwischen eine neue Sitzordnung eingenommen. Dabei hat es sich zufällig ergeben, daß Christian und Petra nebeneinander sitzen. Das ist der Anlaß für allerlei Gelächter und die Ursache für neuerliche Unruhe.

„Also wirklich, mitten in aller Öffentlichkeit", entrüstet

sich Bärbel, und Katrin fügt hinzu: „Daß die sich nicht schämen."

„Muß Liebe schön sein", schwärmt Birgit mit komisch verdrehten Augen.

„Ruhe!" ruft Fräulein Lettner. „Seid doch bitte still! Weiß jemand zufällig, wie man die Kassette einlegt?"

Allgemeines Nein-Gerufe ist die Antwort.

„Dann kann ich euch den Film eben nicht zeigen ..."

Harald steht auf und geht zu Fräulein Lettner. „Lassen Sie mich mal."

„Bitte. Aber sei vorsichtig."

Harald betrachtet das Gerät und die Kassette und stellt fest, daß Fräulein Lettner vergessen hat, die Transportsicherung aus der Kassette zu entfernen. Er holt es nach und legt die Kassette ein. „So, fertig." Er geht an seinen Platz zurück.

„Danke, Harald", sagt Fräulein Lettner erleichtert und wendet sich an die Klasse: „So, jetzt schaut euch den Film erst mal an, nachher werde ich euch dann Fragen stellen."

„Was für Fragen?" will Michael wissen.

„Das ist ja der Witz. Die Fragen kriegt ihr erst hinterher."

„Ha, ha, wie komisch", brummt Jan.

„So, jetzt aber ganz still", sagt Fräulein Lettner und drückt den Startknopf.

Aus dem Monitor ertönt ein gräßliches, lautes Zischen, ohne daß ein Bild erscheint. Die Klasse johlt.

Fräulein Lettner drückt auf den Stop-Knopf. Sie ist nervös und hilflos.

Jürgen steht auf, vermutlich in der Absicht, Fräulein Lettner zu helfen. Als er an Bärbel vorbeikommt, stellt die ihm ein Bein, so daß Jürgen stolpert.

Fräulein Lettner erschrickt und fährt herum. „Was soll denn das schon wieder?"

Einige aus der Klasse lachen.

Andrea, die gesehen hatte, daß Bärbel dem Jürgen ein Bein stellte, fährt Bärbel an: „Hinterhältige Ziege!"

Fräulein Lettner sieht Andrea für Sekunden starr an. Sie bezieht das Schimpfwort auf sich, und das Gelächter der Umsitzenden bestätigt ihren Verdacht.

„So, und jetzt reicht es mir! Andrea Sörgel!"

Sie geht vor zum Lehrerpult, schlägt das Klassenbuch auf und trägt einen Verweis ein. Dann sieht sie Andrea an, die erst jetzt zu begreifen scheint, welches Mißverständnis gerade entstanden ist.

„Deine Eltern werden von dem Verweis benachrichtigt", sagt die Lettner streng.

„Aber ich hab' doch nur . . ." will Andrea sich rechtfertigen, doch Fräulein Lettner schneidet ihr das Wort ab. „Willst du wohl still sein!"

Dann wendet sie sich der Klasse zu, in der es wieder ziemlich laut geworden ist. „Den Film zeig' ich euch nicht. Habt ihr euch selbst zuzuschreiben. Nehmt das Buch raus . . ."

Die Mädchen haben Turnen bei Frau Möckel und üben Hochsprung.

„Nein, Andrea, falsch!" ruft Frau Möckel. „Du mußt mit beiden Füßen aufkommen!"

Andrea heult sofort und ohne jeden Übergang los und geht zu einem Gerätewagen, der an der Seite der Turnhalle steht.

Frau Möckel folgt ihr und sagt ganz freundlich: „Da muß man doch nicht gleich weinen. Los, probier es noch einmal."

Andrea schüttelt den Kopf und schluchzt weiter.

„Das ist doch nicht wegen Ihnen“, erklärt Birgit. „Die hat gerade einen Verweis gekriegt.“

„O je! Von wem denn?“

„Fräulein Lettner“, sagt Monika kurz angebunden.

„Und was hast du angestellt?“

„Nichts“, schluchzt Andrea.

„Komm, tu nicht so“, mischt sich Bärbel ein. „Hinterhältige Ziege hast du gesagt.“

„Aber zu dir! Nicht zu der!“

„Ist ja egal“, meint Bärbel. „Gesagt ist gesagt.“

Andrea fängt wieder zu weinen an.

„Ach so“, dämmert es Frau Möckel, „Fräulein Lettner hat gedacht, du hättest sie beschimpft?“

„Ja.“

„Hat sie dich denn nicht gefragt?“

Andrea schüttelt den Kopf. „Gleich eingetragen hat sie mich. Ins Klassenbuch.“

„Das mußt du dir aber nicht gefallen lassen.“

Andrea zuckt resigniert mit den Schultern.

„Ich würde mit Frau Wegener darüber reden, mit der kann man doch reden.“

Andrea beruhigt sich und lächelt Frau Möckel an.

Die klatscht aufmunternd in die Hände. „So, Mädchen, machen wir weiter! Andrea, probier's noch einmal.“

Andrea nimmt Anlauf und springt über die Latte.

„Na siehst du, das klappt doch prima.“

Die Jungen haben währenddessen eine Freistunde und streunen auf dem Schulhof herum. Harald macht Oliver auf die

Mädchen in der Turnhalle aufmerksam. „Komm, wir schauen uns die Weiber an."

Oliver grinst anzüglich.

Die beiden gehen zu dem Betonsockel, der sich vor den großen Glasfenstern der Turnhalle befindet, und setzen sich. Michael und Bernd schließen sich ihnen an, nach und nach kommen auch die übrigen Jungen der Klasse und sehen den Mädchen beim Turnen zu. Es fallen schmutzige Bemerkungen, die allesamt auf die körperliche Entwicklung der Mädchen gemünzt sind und die von anzüglichem Gelächter begleitet werden.

Christian gefällt das Gerede seiner Klassenkameraden nicht. „Mann, seid ihr dumme Säue."

„Ach, der Christian", seufzt Konny und fügt sein derzeitiges Lieblingswort hinzu: „Knorzig."

„Paßt dir wohl nicht, daß wir deine Petra anschauen", meint Bernd. „Viel ist an der sowieso nicht dran."

„Du bist wirklich das allerletzte Ferkel", fährt Christian ihn an.

„Komm, spinn dich aus!" weist Harald ihn zurecht. „Nur weil du in die verliebt bist . . ."

„Halt's Maul!"

„Stimmt aber!" hänselt Bernd weiter. „Weiß doch jeder. Da! Jetzt rennt sie! Wie das schwabbelt . . ."

Christian geht drohend auf ihn zu.

„Komm nur her", fordert Bernd ihn auf. „Gleich fehlt dir ein Satz Ohren."

Christian stürzt sich auf Bernd. Im Nu ist eine Keilerei im Gang. Die Mädchen in der Turnhalle brechen ihre Übungen ab und drängeln sich ans Glasfenster, um zuzuschauen.

„Da siehst du mal, was du angestellt hast", zieht Birgit Petra auf.

„Ich?"

„Wie die unschuldig tut", entrüstet sich Birgit. „Was meinst denn du, um wen die sich prügeln? Um dich."

„Du spinnst ja!"

„Findest das auch noch romantisch, was?"

Petra wendet sich empört ab.

Birgit lacht hämisch. Katrin und Bärbel stimmen in das Lachen ein.

Nach Schulschluß verlassen Andrea und Monika gemeinsam die Schule. „Hab doch keine Angst", sagt Monika. „Das klären wir morgen, du wirst schon sehen."

„Bei mir geht in letzter Zeit aber auch alles schief", jammert Andrea. Die beiden Mädchen erreichen die Straße.

Plötzlich ertönt eine Stimme: „Andrea! Andrea!"

Andrea bleibt wie angewurzelt stehen. „O Gott, meine Mutter. Daß die auf mich gewartet hat . . ."

„Wieso?" fragt Monika.

„Die war doch heute bei der Wegener."

Andrea sieht sich um und entdeckt ihre Mutter.

Monika verdrückt sich leise, während Andrea langsam auf ihre Mutter zugeht. Sie hat ein schlechtes Gewissen und offensichtlich auch Angst.

Frau Sörgel sieht ihre Tochter ernst an und schüttelt vorwurfsvoll den Kopf. „Eine Gemeinheit, mich so reinzulegen."

Andrea schaut verschüchtert ins Leere.

„Du wußtest doch, daß ich heute zu Frau Wegener gehe."

„Ja."

„Warum hast du mir dann nicht gesagt, daß du lauter Fünfer geschrieben hast?"

„Entschuldige, Mutti."

„Entschuldige, entschuldige. Damit ist es nicht getan. Wie soll es denn weitergehen?"

Andrea zuckt mit den Schultern.

„Ich weiß gar nicht, wie ich das Vater beibringen soll. Da kannst du dich auf was gefaßt machen!"

Andrea sieht sie schuldbewußt an.

„Steh nicht so da!"

„Ich weiß doch auch nicht", sagt Andrea fast flehend.

„Was weißt du nicht? Wie das ist, wenn man sitzenbleibt?"

„Och, Mutti."

„Das kann ich dir sagen, für dich fangen jetzt ernste Zeiten an! Von wegen nachmittags spielen und abends fernsehen . . . Damit ist jetzt Schluß! Für dich gibt es jetzt nur noch lernen, lernen und noch mal lernen."

Tags darauf im Deutschunterricht ist es absolut still in der Klasse. Frau Wegener hat das Klassenbuch vor sich und liest darin. Dann schlägt sie es zu und sieht Andrea an.

„Also das verstehe ich nicht, Andrea. Kannst du dir jetzt wirklich einen Verweis leisten, wo du schon überall so wacklig stehst?"

Andrea wird rot und verlegen. „Entschuldigung, Frau Wegener, aber das war so . . ."

„Ich will keine Einzelheiten wissen!"

„Es war echt ungerecht", platzt Susanne heraus. „Andrea hat Fräulein Lettner gar nicht gemeint."

Frau Wegener sieht sie streng an und schneidet ihr das Wort ab. „Es ist ja nicht nur dieser Fall hier. Frau Grauf hat vorhin gerade wieder mit mir gesprochen und sich über euch beklagt. Es vergeht kaum ein Tag, an dem keine Beschwerden über euch kommen. So geht das nicht weiter, das sage ich euch! Und noch etwas. Habt ihr euch eigentlich mal überlegt, was für Schwierigkeiten ihr dem armen Fräulein Lettner macht?"

Die Schüler haben betreten vor sich hingestarrt. Bei Frau Wegeners letzten Worten geht ein erlöstes Raunen durch die Klasse, das Frau Wegener aber sofort abwürgt.

„Fräulein Lettner muß eine gute Lehrprobe bei euch machen, sonst hat sie überhaupt keine Chance, in den Schuldienst übernommen zu werden. Ihr müßt euch mal vorstellen, wie sehr sie sich bemüht und vorbereitet, und dann kommt ihr und macht ihr alles kaputt. Einfach so. Ich möchte euch sehr bitten, reißt euch bei der Lehrprobe zusammen und arbeitet mit. Das erwarte ich von euch. So, und jetzt zeigt mir mal eure Hausaufgaben."

Nach Schulschluß holt Birgit ihr Fahrrad aus dem Fahrradkeller und redet auf Bärbel und Katrin ein, die sie begleiten. „Und die Wegener soll sich da raushalten, das geht die nämlich gar nichts an."

„Wo die Lettner so ungerecht zur Andrea war", stimmt Katrin ihr zu.

„Ach, die Andrea", sagt Birgit abfällig, „so blöd möcht' ich auch mal sein. Nein, die Lettner ist selbst schuld, wenn sie sich nicht durchsetzen kann."

Ein paar Jungen aus der Klasse sind ebenfalls im Fahrradkeller. Harald hat das Gespräch zwischen den Mädchen mitbekommen und mischt sich jetzt ein: „Die machen wir fertig, ja? Die wird ihr blaues Wunder erleben."

„Als ob du die fertigmachen könntest", fällt Thomas ein. „Frau Wegener hat völlig recht."

Der alte Streit zwischen den beiden Jungen flammt wieder auf. „Halt doch dein blödes Maul", zischt Harald ihn verächtlich an, „du Schleimscheißer."

Frau Röder steht an der Tafel mit dem Rücken zur Klasse und fertigt eine Zeichnung an, um einige biologische Zusammenhänge zu erklären.

In der Klasse herrscht Getuschel und Gekicher. Ein Brief geht durch die Bankreihen, und jeder, der ihn erreichen kann, liest ihn.

Frau Röder dreht sich plötzlich um und sieht, wie Birgit den Brief gerade Bärbel zuschiebt.

„Halt!" ruft sie.

Erschrocken starrt Bärbel sie an, unfähig, den Brief zu verstecken. Ohne Bärbel aus den Augen zu lassen, geht Frau Röder um den Experimentiertisch herum und die Stufen hinauf, bis sie vor Bärbel steht. Sie nimmt ihr den Zettel fort und überfliegt ihn. „Was soll das?"

„Ich weiß nicht", stammelt Bärbel. „Ich hab's ja nicht gelesen."

Frau Röder hält den Zettel hoch und beginnt vorzulesen: „Heißgeliebte Petra." Sie sieht Petra an und schüttelt langsam den Kopf.

Petra wird glutrot im Gesicht.

Ein Raunen geht durch die Klasse.

Frau Röder liest weiter vor: „Es war so schön mit dir gestern. Treffen wir uns heute wieder? Gib mir bald Antwort. Dein dich liebender Christian."

Frau Röder sieht Christian an, der ebenfalls höchst verlegen dreinschaut. „Du hast das also geschrieben?"

„Nein."

„Na, ist das knorzig", läßt Konny sich vernehmen.

„Hier steht's aber", beharrt Frau Röder.

„Ich würde so was nie schreiben", erklärt Christian tapfer. „Die machen doch schon die ganze Zeit so'n Blödsinn."

Frau Röder sieht zu Petra und Christian hin, die, nur durch den Gang getrennt, nebeneinander sitzen. Beiden ist die Situation äußerst unangenehm, was Frau Röder eigentlich auffallen müßte.

„Hm", meint Frau Röder nach einer Pause, „ihr seid also das Liebespaar der Klasse?"

Lautes Gejohle aus allen Ecken ist die Antwort.

Frau Röder grinst die beiden an.

Petra funkelt wütend zurück, während Christian verlegen vor sich auf die Bank schaut.

Petra wartet auf dem Lehrerparkplatz auf Frau Wegener. Sie muß eine ganze Weile warten, bis die Lehrerin endlich auftaucht. Frau Wegener verabschiedet sich von einer Kollegin und geht zu ihrem Auto. Und jetzt hat sie auch Petra bemerkt. „Hallo, Petra, wartest du auf mich?"

„Ja. Darf ich Sie mal kurz sprechen?"

„Was hast du denn auf dem Herzen?"

„Ach, die sind alle so gemein zu mir."

„Wer ist gemein zu dir?"

„Die ganze Klasse. Immer ärgern sie mich."

Frau Wegener schließt ihr Auto auf. „Komm, setz dich zu mir." Beide steigen in das Auto ein und setzen sich auf die Vordersitze. „Jetzt erzähl mal. Warum ärgern die dich?"

„Ach, wegen dem Christian."

„Was hat der Christian denn mit dir zu tun?"

„Nichts. Aber alle behaupten, ich wäre in den verliebt ... oder der in mich."

Frau Wegener lacht freundlich und verständnisvoll. „Ach, ich verstehe. Und das stimmt natürlich nicht?"

„Natürlich nicht."

„Hm. Da kann man schlecht was machen. Wenn so ein Gerücht erst mal aufgetaucht ist ..."

„Aber ich find' das so fies. Warum ausgerechnet ich?"

„Irgendeinen erwischt es eben. Du mußt denen einfach den Wind aus den Segeln nehmen. Wenn die merken, daß du dich nicht ärgerst, wird's ihnen langweilig und sie hören auf."

„Aber wie mach' ich das?"

Frau Wegener denkt nach. „Wenn die ein Liebespaar wollen, sollen sie doch eins kriegen! Das ist die einfachste Methode. Natürlich müßtest du dich vorher mit dem Christian verständigen."

„Was sollen wir machen?"

„Ich würde das so machen: Wenn sie wieder sagen, du bist verliebt, dann sagst du einfach ja."

Petra lächelt Frau Wegener verschwörerisch an. Frau Wegener lächelt ebenso zurück.

„Das ist gut", meint Petra.

„Der Clou wäre natürlich ..."

„Ja?"

„Du und der Christian, ihr würdet euch gleich an einen Tisch setzen."

Petra sieht Frau Wegener skeptisch an.

„Dann wären die anderen baff", fährt Frau Wegener fort. „Übrigens würde ich das alles nicht so tragisch nehmen. Ich glaube, die sind bloß neidisch, weil sie selbst keinen Freund oder Freundin in der Klasse haben."

Auf dem Heimweg trifft Petra dann zufällig auf Christian. „Gehst du heute mal zu Fuß?" fragt sie ihn schüchtern.

„Mein Rad ist doch geklaut worden."

„Ehrlich?"

Christian nickt. Die beiden gehen eine Weile schweigend nebeneinander her.

Frau Wegener fährt an ihnen vorbei, hupt und winkt.

„Wo ist es denn geklaut worden", fragt Petra dann, „in der Schule?"

„Nö, beim Hallenbad. Als ich gestern aus dem Training zurückkam, war's weg."

„Bist du im Schwimmverein?"

„Hm."

„Toll."

„Ich muß jetzt da lang", sagt Christian und deutet zu einer Nebenstraße. „Bis morgen dann."

„Du, das ist auch mein Weg."

„Wo wohnst'n du?"

„Klarastraße 4."

„Dann können wir ja noch ein Stück zusammen gehen."

„Warst du bei der Polizei?"

Christian sieht Petra fragend an.

„Na, wegen deinem Rad."
„Ach so. Klar. Sonst zahlt die Versicherung nicht."

Am nächsten Tag sitzt Christian an seinem Platz und tuschelt mit Jürgen, seinem Banknachbarn. Jürgen nickt, packt seine Sachen und setzt sich nach hinten zu Harald.

In dem Moment kommt Michael in die Klasse gelaufen. „Sie kommt!"

Alle huschen an ihre Plätze.

Christian setzt sich schnell auf Jürgens Platz und winkt Petra zu. Petra packt flink ihre Sachen, eilt über den Gang und setzt sich neben Christian.

Frau Wegener betritt das Klassenzimmer. Die meisten Schüler haben die Platztauschaktion mitbekommen, aber das Erscheinen von Frau Wegener hindert sie daran, gehässige Bemerkungen abzugeben.

Dennoch herrscht Unruhe in der Klasse.

Frau Wegener geht zu ihrem Pult und stellt ihre Mappe ab. Dann wendet sie sich der Klasse zu. „Guten Tag."

Die Schüler erwidern den Gruß, und es bleibt unruhig in der Klasse.

„Können wir langsam anfangen?" fragt Frau Wegener. „Was habt ihr denn?"

Bärbel deutet zu Christian und Petra hinüber. „Wie finden Sie das?"

Frau Wegener tut, als habe sie jetzt erst bemerkt, daß Petra und Christian nebeneinander sitzen. „Wie soll ich das finden? Mich stört's nicht."

„Heißt das, jeder kann sich hinsetzen, wo er will?" fragt Birgit entrüstet.

„Natürlich. Möchtest du dich auch neben einen Jungen setzen?"

„Ich spinne doch nicht", platzt Birgit heraus.

„Wie du meinst", sagt Frau Wegener lächelnd.

In der Pause besorgt Christian an Herrn Rebeles Kiosk Saft und Brezeln für sich und Petra, dann gehen die beiden auf den Schulhof. Sie wandern auf und ab und unterhalten sich angeregt.

Birgit, Katrin und Bärbel gehen kichernd hinter ihnen her. „Petersilie, Suppenkraut wächst in unserm Garten, Petra Bredel ist die Braut, kann nicht länger warten ...", singt Birgit. Wieder kichern die Mädchen.

Christian bleibt stehen und dreht sich zu ihnen um. „Ihr tut mir echt leid."

Birgit streckt ihm die Zunge heraus. „Bäh ..."

„Muß doch weh tun, so was", bemerkt Christian noch, bevor Petra ihn am Arm nimmt und fortzieht. „Gar nicht beachten. Die können nicht anders. Doof bleibt doof."

Birgit wendet sich ab und geht mit ihren Freundinnen in die entgegengesetzte Richtung davon.

Und dann ist es soweit. Fräulein Lettner muß die gefürchtete Lehrprobe halten. Hinten im Klassenzimmer sitzen zwei Herren, die die Lehrprobe abzunehmen haben, und Frau Grauf.

Die Lehrprobe hat längst begonnen, und was Fräulein Lettner bisher geboten hat, muß so gewesen sein, daß die beiden Herren jetzt Anlaß haben, ernst dreinzublicken. Frau Grauf hat ihr Gesicht in sorgenvolle Falten gelegt.

Es ist eine qualvolle Situation entstanden. Fräulein Lettner hat die Unterrichtsstunde so aufgebaut, daß sie von einer bestimmten Phase an auf die Mitarbeit der Schüler angewiesen ist. Und gerade die bleibt aus.

Was Fräulein Lettner auch anstellt, keiner arbeitet mit. Zunächst behilft sie sich noch damit, daß sie die Fragen, die sie der Klasse stellt, selbst beantwortet, aber damit manövriert sie sich immer unausweichlicher in eine Katastrophe hinein. Ihre Angst wächst, ihre Nervosität ebenfalls.

Birgit grinst zufrieden. So, denkt sie, der hab' ich es mal so richtig gezeigt. Und sie freut sich darüber, daß ihr Aufruf, die Mitarbeit zu verweigern, von fast allen befolgt wird. Doch nicht jeder in der Klasse denkt wie Birgit. Jürgen zum Beispiel leidet mit Fräulein Lettner mit, und er würde liebend gerne ihre Fragen beantworten – wenn er nur könnte. Auch Thomas hat ein ungutes Gefühl im Bauch, aber selbst ihm fallen die passenden Antworten nicht ein.

Die Situation spitzt sich zu. Es ist jetzt der Moment gekommen, in dem die Entscheidung fallen muß: für oder gegen Fräulein Lettner. Und die meisten Schüler spüren das auch.

Christian und Petra sehen sich an und nicken sich zu. Sie melden sich gleichzeitig bei der nächsten Frage.

Fräulein Lettner atmet auf. Sie nimmt Petra dran. Petras Antwort ist nicht ganz zufriedenstellend.

Fräulein Lettner stellt eine Zusatzfrage.

Jürgen meldet sich und gibt die richtige Antwort.

Der Bann scheint plötzlich gebrochen: die Schüler arbeiten mit.

Zum Schluß sind es nur noch Birgit und ihre Clique, die nicht mitarbeiten, und von den Jungen Harald, Oliver und

Bernd. Als schließlich die Schulglocke das Ende der Lehrprobe ankündigt, macht Fräulein Lettner einen gelösten, zufriedenen Eindruck.

Die Reaktion der Prüfer läßt darauf schließen, daß die Lehrprobe nicht ganz danebengegangen ist. Die Herren verlassen mit Frau Grauf das Klassenzimmer. Fräulein Lettner folgt ihnen mit einigem Abstand.

Kaum sind sie fort, bricht ein Tumult in der Klasse los.

Birgit geht zu Petra und Christian. „Na, ihr Pfadfinder, habt ihr eure gute Tat für heute vollbracht?"

Petra streckt ihr die Zunge heraus. „Bäh ..."

Thomas geht auf Birgit los. „Du bist wirklich das allerletzte. Du und deine Fans da." Er deutet mit einem Kopfnicken nach Bärbel und Katrin.

„Wer fragt dich denn?" will Birgit wissen.

„So was Gemeines und Hinterhältiges. Mensch, stell dir vor, die Lettner wäre durchgefallen." Thomas schüttelt den Kopf.

„Mach dir bloß nicht in die Hose mit deiner armen Lettner", gibt Birgit zurück und fügt verächtlich hinzu: „Du Mustersöhnchen."

„Was geb' ich mich eigentlich noch mit dir ab, du, du ..."

„Na, was denn?" fragt Birgit höhnisch.

„Ach." Thomas macht eine abfällige Handbewegung und wendet sich ab.

Fräulein Lettner kommt in die Klasse zurück. Sie hat einen Kasten mit Mohrenköpfen bei sich. „He, hört mal her!"

Es wird langsam still in der Klasse.

„Ich möchte euch danken, daß ihr mir doch noch geholfen habt. Hier, greift zu ..." Sie bietet die Mohrenköpfe an.

Die Schüler murmeln durcheinander, einige sehen beschämt vor sich hin, niemand traut sich, einen von den Mohrenköpfen zu nehmen.

„Ich hab' vielleicht eine Angst ausgestanden", gibt Fräulein Lettner zu.

„Das hat man gemerkt", meint Andrea, die ja Erfahrung in solchen Dingen hat.

„Tatsächlich?" will Fräulein Lettner wissen. „Na ja, zuerst sah es ja auch so aus, als wolltet ihr mich reinlegen."

„Wollten wir ja auch", sagt Birgit patzig.

Susanne meldet sich zu Wort. „Glauben Sie, es hat Ihnen geschadet, daß wir am Anfang ... na ja, 'n bißchen still waren?"

„Sagen wir mal so: es hätte vielleicht einen besseren Eindruck gemacht, wenn ihr euch gleich mehr beteiligt hättet. Aber ... Schwamm drüber. Ihr wißt gar nicht, wie froh ich bin, daß ich das jetzt hinter mir habe."

„Sehr gut", ruft Konny, „setzen!"

Die Schüler lachen und greifen jetzt zögernd nach den Mohrenköpfen.

Juni

Der Rat, den Frau Wegener Petra gegeben hatte und den diese dann zusammen mit Christian befolgte, hat sich als ganz brauchbar erwiesen. In den zwei Monaten, die seit Fräulein Lettners Lehrprobe verstrichen sind, haben sich die Schüler der 6b daran gewöhnt, daß Christian und Petra nebeneinander sitzen, die Pausen miteinander verbringen und sich auch ansonsten recht gut zu verstehen scheinen. Jedenfalls kommt es nur noch sehr selten vor, daß jemand sich über die beiden lustig macht oder sie verspottet.

Was zunächst nur eine List war, um das Gerede in der Klasse zu unterbinden, hat sich zu einer echten Freundschaft zwischen Christian und Petra entwickelt. Ob sie aber, wie manche behaupteten, ineinander verliebt sind? Diese Frage läßt sich nicht so leicht beantworten. Christian und Petra würden es empört abstreiten. Aber ob das auch die Wahrheit ist?

Andrea hat in den zwei Monaten nichts anderes getan als gepaukt. Damit diese Anstrengung auch garantiert Früchte trägt, hat sie sich der Clique von Birgit angeschlossen und mit ihr einen Art Beistandspakt vereinbart. Seither darf sie an Birgits Spicksystem teilhaben, und wie es ausschaut, scheint es mit ihr bergauf zu gehen.

Ob dem tatsächlich so ist, wird sich zeigen, wenn Herr Doktor Keiper die Mathematik-Arbeit zurückgibt, die die Klasse vor gut zwei Wochen geschrieben hat.

Als Keiper dann eines Tages mit den Heften unter dem Arm in die Klasse gestürzt kommt, schwindet Andrea der Mut doch wieder.

„Herrschaften“, brüllt Keiper und knallt die Hefte auf den

Tisch, „so geht das nicht weiter! Durchschnitt 3,9! Ich frage mich, wie ihr die Schulzeit durchstehen wollt. Die meisten von euch jedenfalls. Na ja, meine Sorge soll das nicht sein. Und nun zu euren Werken."

Er nimmt das erste Heft vom Stapel, liest das Namensschild, als wüßte er nicht auch so, welches Heft obenauf liegt. „Thomas." Er knallt das Heft vor Thomas auf die Bank. Thomas strahlt.

„Freu dich nicht zu früh, es ist keine Eins. Die beste Arbeit, aber nur eine Zwei. Klaus, bei dir hat es auch zu einer Zwei gelangt. Birgit, noch eine schwache Zwei. So, das waren auch schon die besseren Arbeiten. Halt, hier hab' ich noch eine. Eine Drei. Eine erstaunliche Drei, denn derjenige, der sie geschrieben hat, war bisher auf die Fünfen abonniert. Wem gehört die wohl?" Er sieht sich in der Klasse um.

Einige der schwächeren Schüler, unter ihnen Jan und Harald, schöpfen neue Hoffnung und sehen Keiper gespannt an. Andrea wird ganz hippelig. Sie scheint zu ahnen, daß von ihrer Arbeit die Rede ist.

Keiper beendet sein Spiel, indem er Andrea das Heft auf die Bank knallt. „Bravo, Andrea."

Andrea klatscht vor Freude in die Hände. „Ich hab's gewußt!"

„Toll, Andrea", ruft Bärbel ihr zu.

Andrea dreht sich um und sieht Birgit an. Die Blicke der beiden Mädchen treffen sich: verschwörerische Blicke.

„Eine Schwalbe macht noch keinen Sommer", schränkt Keiper ein.

„Sie können einem aber auch jede Freude vermiesen", knurrt Birgit ihn an.

Kirsten und Susanne treffen sich in der Pause mit zwei Jungen aus der 8. Klasse und gehen mit ihnen in den Park, der, wie jedermann weiß, den Schülern der unteren Klassen verboten ist.

Birgit schleicht ihnen mit den Mädchen ihrer Clique, die sich derzeit aus Bärbel, Katrin und Andrea zusammensetzt, heimlich nach. Sie holen sie ein und veralbern sie.

Kirsten, Susanne und ihre Freunde schenken den Mädchen keinerlei Beachtung.

Birgit und ihre Freundinnen führen sich derart kindisch auf, daß sie von dem aufsichtsführenden Lehrer bemerkt werden. Der Lehrer, der nicht in der 6b unterrichtet und der die Mädchen auch nicht kennt, ruft ihnen zu: „He, ihr, kommt doch mal her!"

Statt seiner Aufforderung nachzukommen, drehen die Mädchen sich um und rennen davon.

Der Lehrer pest ihnen nach. Andrea stolpert und fällt hin. Die drei anderen Mädchen erreichen den Fahrradkeller und damit sicheres Gebiet.

Der Lehrer bleibt bei Andrea stehen. „Hast du dir weh getan?"

Andrea rappelt sich auf. Sie hat Tränen in den Augen. „Ist nicht so schlimm."

„Du weißt doch genau, daß ihr erst ab der 8. Klasse in den Park dürft", herrscht der Lehrer sie an. „Wie heißt du?" Andrea schweigt. „Du willst mir deinen Namen nicht sagen?"

Andrea schüttelt zaghaft den Kopf.

„Den kriegen wir schnell raus. Wir gehen jetzt zum Direktor, aber ich warne dich, das wird eine große Sache, mit Eintrag und so . . ."

„Andrea Sörgel", gibt Andrea jetzt fast flüsternd ihren Namen preis.

Der Lehrer zückt ein Notizbuch und notiert den Namen. „Warum nicht gleich? Klasse?"

„6b."

„Und wer waren die anderen?"

Andrea schüttelt den Kopf.

„Los, komm schon . . ."

Von ihrem sicheren Versteck im Fahrradkeller aus äugen Birgit und ihre Freundinnen zu Andrea und dem Lehrer hin.

„Was macht die denn so lange?" fragt Birgit ungeduldig.

„Hoffentlich verpetzt sie uns nicht", meint Katrin, und Bärbel entgegnet ihr im Brustton der Überzeugung: „Das macht die nie."

Jetzt entläßt der Lehrer Andrea.

Leise vor sich hin weinend, geht Andrea auf den Fahrradkeller zu. Sie erreicht ihre Freundinnen.

„Hast du uns verpetzt?" empfängt Katrin sie.

Andrea schüttelt den Kopf. „Wie käm' ich denn dazu?"

„Hab' ich doch gleich gesagt", freut Bärbel sich.

Auch in Englisch hat die Klasse vor kurzem eine Arbeit geschrieben, und heute ist Frau Grauf soweit, daß sie die Hefte zurückgeben kann. Sie hält es nicht wie Herr Keiper, der die Hefte immer nach den Noten sortiert, bei ihr geht es quer durcheinander.

Die Schüler sehen sich die Hefte an, reden miteinander, stellen Vergleiche an, freuen sich über gute und ärgern sich über schlechte Ergebnisse.

Frau Grauf läßt die Schüler gewähren. Sie wendet sich an

Andrea. „Über deine Drei hab' ich mich am meisten gefreut, Andrea. Du machst dich." Andrea strahlt über das ganze Gesicht. „Hoffentlich bleibt es dabei."

Andrea nickt. „Bestimmt."

„Dafür sorgen wir schon", sagt Birgit so leise, daß es nur die Mädchen ihrer Clique hören können. Die Mädchen lachen.

Frau Grauf mißversteht das Lachen. „Ihr müßt euch gar nicht über Andrea lustig machen."

Christian und Petra verlassen die Schule, um sich auf den gemeinsamen Heimweg zu machen. Birgit, Bärbel, Katrin und Andrea laufen hinter ihnen her.

„Wie die schon langstelzt, bah ...", regt Bärbel sich über Petra auf.

„Wie ein vornehmes Fräulein", stimmt Andrea ihr zu.

„Quatsch, vornehm", wendet Katrin ein, „die mit ihrem Miniarsch."

„Miniarsch ist gut", freut Andrea sich.

Christian dreht sich nach den Mädchen um und sieht sie böse an. „Blöde Gänse."

„Und das ist Babyface", ruft Andrea und deutet auf Christian.

Die Mädchen lachen. Bärbel fängt an zu singen: „Miniarsch und Babyface." Sofort fallen ihre Freundinnen in den Singsang ein.

Christian geht etwas schneller und zieht Petra mit.

„Möcht' nur wissen, was der an Petra hat?" fragt Katrin laut.

„Alles", antwortet Andrea.

„Meinst du?“ wirft Bärbel ein und ruft den beiden nach: „He, wenn jemand die Pille braucht, mein Vater ist Arzt . . .!“

„Aber nur für Hals, Nase und Ohren“, schränkt Birgit ein.

„Ist doch egal“, behauptet Bärbel, „Hauptsache, er ist Arzt.“

Christian und Petra fangen an zu rennen. Andrea macht Anstalten, ihnen nachzulaufen.

Birgit hält sie auf. „Nur nicht übertreiben. Das Paar des Jahres läuft uns nicht davon.“

„Paar des Jahres“, wiederholt Bärbel, „das ist gut.“

Die Mädchen lachen.

Das Lachen ist den meisten vergangen, als Frau Wegener am folgenden Tag eine ihrer Standpauken hält. „Der Park ist erst ab der 8. Klasse erlaubt. Da hat sich jemand was bei gedacht. Selbst wenn ihr das nicht einseht, habt ihr euch bitte an die Schulordnung zu halten.“

Sie sieht sich in der Klasse um und fixiert schließlich Andrea. „Ist das auch dir klar, Andrea?“

„Ja“, sagt Andrea kleinlaut.

„Und wie ist es mit euch, Bärbel, Katrin?“

„Wieso?“ braust Bärbel auf.

„Weil ihr einen Eintrag ins Klassenbuch bekommt. Du, Andrea und Katrin.“

„Sie können doch nicht einfach . . .“, empört Katrin sich, aber Frau Wegener unterbricht sie: „Also jetzt bitte Ruhe, ja?“ Sie geht zu Birgit. „Birgit, du bist auch dabei. Außerdem bekommen deine Eltern eine Mitteilung.“

„Warum denn?“

„Weil das schon der dritte Eintrag in diesem Jahr ist."

Birgit zuckt mit den Schultern. „Pah, meine Eltern lesen so was sowieso nicht."

„Ist ja geil", platzt Konny heraus.

„Wo hast du denn das aufgeschnappt?" fragt Frau Wegener und geht zu Konny.

Birgit, Katrin und Bärbel fallen sofort über Andrea her. Sie zischen ihr Schimpfworte zu, nennen sie eine Petze, und Katrin geht sogar so weit, Andrea an den Haaren zu ziehen. Andrea ist es sichtlich unwohl in ihrer Haut.

Frau Wegener hat Konny erreicht und wiederholt ihre Frage: „Sag schon, wo hast du das her?"

„Was?"

„Na, was du gerade gesagt hast."

„Geil, meinen Sie das?"

„Ja."

„Hab' ich von meinem Bruder. Ist ölig, was?"

„Ehrlich gesagt, ich find's nicht so schön." Frau Wegener wendet sich wieder an die ganze Klasse. „Mit dem Park, das ist klar, ja?"

„Nein", ruft Birgit.

„Was möchtest du noch wissen, Birgit?"

„Warum nicht alle einen Verweis bekommen, die im Park waren." Sie sieht anzüglich zu Kirsten und Susanne hinüber. „Schließlich waren wir nicht die einzigen."

„Ihr wart die einzigen, die erwischt wurden. Haltet euch in Zukunft bitte alle an die Schulordnung. Können wir das Thema jetzt endlich abschließen?"

Birgit zuckt schnippisch mit den Schultern.

„Danke", sagt Frau Wegener ironisch. „So, und nun zu

unserem Ausflug. Ich möchte, daß ihr euch morgen alle tadellos benehmt . . ."

Am nächsten Morgen drängeln sich die Schüler mit großem Hallo in den Omnibus, der vor der Schule wartet. Sie schubsen sich, streiten sich um die vermeintlich besten Plätze und darum, wer neben wem sitzt.

Katrin und Bärbel haben eine Bank erobert, während Birgit eine andere hinter ihnen in Beschlag nimmt. Auf den freien Platz neben ihr will sich jetzt Andrea setzen.

„Besetzt!" zischt Birgit ihr zu.

„Für wen denn?"

„Für dich bestimmt nicht!"

„Sei doch nicht so." Sie will sich setzen, aber Birgit schubst sie fort. „Hau ab!"

„Was hast du denn auf einmal gegen mich?"

„Was hast du denn auf einmal gegen mich?" äfft Birgit sie nach. „Ne ganze Menge. Zisch ab!"

Andrea sieht Birgit bittend an.

Birgit zieht es vor, Andrea zu ignorieren. Sie ruft Dagmar zu, die gerade den Gang entlangkommt: „He, Dagi, ich hab' für dich freigehalten!"

Dagmar zwängt sich an Andrea vorbei und setzt sich neben Birgit. „Danke."

Andrea wendet sich traurig ab und geht nach hinten. Dabei kommt sie an Christian und Petra vorbei, die – wie könnte es auch anders sein? – auch hier nebeneinander sitzen.

Petra grinst Andrea hämisch an. „Die wollen wohl nichts mehr von dir wissen?"

Andrea sieht sie böse an und streckt ihr die Zunge heraus.

„Bäh. Babyface ...“ Sie geht an den beiden vorbei und noch weiter nach hinten, wo sie eine leere Bank findet. Dort setzt sie sich auf den Fensterplatz und sieht traurig und gedankenverloren aus dem Fenster.

Bald darauf sind alle Schüler und die Lehrer im Bus, und die Fahrt kann losgehen.

Harald hat natürlich seinen Kassettenrecorder mit auf den Ausflug nehmen müssen. Jetzt legt er eine Kassette ein und schaltet das Gerät an. Ragtime tönt auf einmal durch den Bus, und Bernd, der in der Reihe vor Harald sitzt, fährt Harald an: „Mein Gott, fängt das Gedudel wieder an? Kannst du das nicht 'n bißchen leiser stellen?“

„Nee, aber lauter.“ Er dreht das Gerät voll auf.

Bernd greift über die Sitzlehne nach hinten und versucht, Harald den Recorder zu entwinden, was ihm freilich nicht gelingt.

Frau Wegener kommt nach hinten zu Harald. „Du, Harald, wir wollen uns heute erholen.“

„Ja.“

„Also, stell die Musik ab.“

Oliver, der neben Harald sitzt, protestiert. „Ich kann mich nur mit Musik erholen.“

„Dann mach's wenigstens leiser.“

„Bitte“, sagt Harald betont höflich, „wie Sie wünschen.“ Er stellt die Musik leise.

Frau Wegener geht wieder nach vorne zu ihrem Platz und setzt sich neben Herrn Hirler, den Musiklehrer, der die Klasse beim Ausflug begleitet.

Jürgen flitzt jetzt im Bus hin und her. Er hat seinen Fotoapparat bei sich und knipst wild drauflos.

„Wenn du jetzt schon deine ganze Munition verschießt . . .", ruft Oliver ihm zu, und Jürgen gibt zurück: „Ich hab' jede Menge Filme dabei."

Kirsten sitzt neben Susanne. Sie sieht auf ihre Uhr. „Jetzt hätten wir Mathe."

„Brrr . . .", verzieht Susanne das Gesicht.

„Der Keiper hat's eigentlich gut. Der hat jetzt frei."

„Vielleicht muß er Vertretung machen."

„Au ja, hoffentlich."

„Du", wendet Susanne sich jetzt an Kirsten und tut ganz geheimnisvoll, „ich sag' dir was . . ."

„Ja?"

„Aber sag's nicht weiter."

„Bestimmt nicht."

„Auch nicht der Dagmar."

„Nein. Was ist denn?"

„Also, ich krieg' im Sommer ein Pony."

„Ehrlich?" staunt Kirsten. „Ist ja Klasse!"

„Gell?"

„Warum soll ich das niemand sagen?"

„Ach, ich mag das nicht. Es gibt so viele Neidhammel."

„Da hast du auch wieder recht", gibt Kirsten zu.

Andreas und Thomas sitzen nebeneinander im Bus.

„Ich bin jetzt mit dem Goethe fast durch", meint Andreas beiläufig.

„Hast du wirklich alles gelesen, was der geschrieben hat?"

„Alles nicht. Die Farbenlehre hab' ich zum Beispiel ausgelassen. Aber sonst . . ."

Thomas schüttelt den Kopf. „Manchmal glaub' ich, du spinnst."

Andreas wendet sich beleidigt ab und sieht aus dem Fenster.

Vorne versucht jetzt Monika Kontakt mit Frau Wegener aufzunehmen. „Ich find' es ganz prima, daß Sie den Ausflug mit uns machen." Frau Wegener lächelt ihr zu. „Ich geh' nämlich so gerne spazieren", fügt Monika hinzu.

Birgit hat das mitbekommen. Sie fragt Monika gehässig: „Ich denke, du bist Radfahrer?"

Monika dreht sich zu Birgit um. „Ach, Birgit, du immer mit deinem Geflachse."

Frau Wegener wendet sich Herrn Hirler zu. „Hoffentlich passiert heute nichts. Ich hab' immer Angst vor Ausflügen."

„Als ich das letzte Mal mitgegangen bin", erwidert Hirler, „hat sich ein Junge das Bein gebrochen."

Frau Wegener droht ihrem Kollegen im Spaß mit dem Zeigefinger. „Wenn Sie mir Unglück bringen, Herr Hirler . . ."

Die beiden Lehrer lachen.

Hinten im Bus sitzt Andrea immer noch allein in ihrer Sitzbank und starrt aus dem Fenster. Warum, denkt sie verzweifelt, muß ich nur immer alles falsch machen? Und sie klammert sich an die Hoffnung, daß alles wieder gut wird, wenn sie es nur richtig anstellt bei Birgit und ihren Freundinnen . . .

Später, als die Klasse durch den Wald wandert und Birgit mit ihrer Clique eine kleine Gruppe für sich bildet, versucht Andrea, Anschluß bei ihnen zu finden. Sie läuft eine Weile neben den Mädchen her, ohne von diesen beachtet zu werden. Schließlich spricht sie Birgit direkt an. „Du glaubst, ich hätte euch neulich verpetzt, stimmt's?"

Keine Antwort.

„Ich geb' ja zu, ich hab' eure Namen genannt."

Keine Reaktion.

„Sonst wär' der zum Direktor gegangen und hätte 'ne große Sache draus gemacht. Der hätt' euch so oder so gekriegt. Mensch, sag doch mal was . . ."

Die Mädchen tun, als wäre Andrea nicht vorhanden. Birgit schnuppert auf einmal in die Luft und sagt zu ihren Freundinnen: „Hier stinkt's." Die Mädchen schnuppern jetzt ebenfalls.

„Pfui Deibel", sagt Bärbel, und Katrin fügt hinzu: „Aus dem Wald kommt das jedenfalls nicht."

„Bloß weg hier!" ruft Birgit.

Das ist das Kommando für die drei Mädchen, wegzurennen und Andrea stehen zu lassen.

Andrea läuft allein weiter. Sie ist sehr betrübt.

Als die Klasse dann in einem Gartenlokal Rast macht, unternimmt Andrea einen letzten Anlauf, sich wieder mit ihren Freundinnen zu vertragen. Sie kratzt ihr ganzes Geld zusammen und kauft an der Theke vier Flaschen Limonade. Auf einem Tablett balanciert sie die Flaschen zu dem Tisch, an dem Birgit, Katrin und Bärbel sitzen. Sie stellt das Tablett ab. Die Mädchen beachten Andrea nicht.

Birgit wendet sich Bärbel zu: „Hast du was bestellt?"

Bärbel schüttelt den Kopf.

Birgit sieht Katrin an.

„Ich auch nicht", antwortet diese.

„Also, weg damit . . .", sagt Birgit und schiebt das Tablett langsam zum Tischrand.

Bevor es mit den Flaschen zu Boden fallen kann, nimmt Andrea es wieder an sich. Sie ist traurig und weiß nicht, was sie jetzt tun soll.

Frau Wegener hat das Verhalten der Mädchen mitbekommen. Sie scheint sich ernsthafte Gedanken zu machen.

Herr Hirler sieht Andrea mit dem Tablett herumstehen. „Andrea“, ruft er ihr zu, „kannst du mir wohl 'ne Limo abgeben?“

Andrea nickt lächelnd. Sie geht zu dem Tisch, an dem Hirler und Frau Wegener sitzen, und stellt eine Flasche vor Hirler. „Danke. Was kriegst du dafür?“

„Nichts“, meint Andrea leise. „Die hab' ich schon bezahlt.“

„Du bist gut“, lacht Hirler. „Denkst du, ich lass' mich von Frauen aushalten?“ Die Umsitzenden lachen.

Andrea grinst verlegen. „Siebzig Pfennig . . .“

Hirler gibt ihr das Geld.

„Hast du noch eine übrig?“ fragt Frau Wegener jetzt.

„Ja.“

„Krieg' ich auch eine?“

„Gerne.“ Sie stellt eine Flasche vor Frau Wegener hin, Frau Wegener gibt ihr das Geld. „Komm, setz dich zu uns.“

„Danke“, sagt Andrea und setzt sich.

Birgit und ihre Freundinnen haben Andrea aus den Augenwinkeln beobachtet.

Während Frau Wegener, Hirler und Andrea sich jetzt zuprosten und die Limoflaschen an den Mund setzen, seufzt Katrin auf und quengelt: „Mensch, hab' ich einen Durst . . .“

Als die Klasse die Wanderung dann fortsetzt, ist Andrea meistens allein und hängt ihren trüben Gedanken nach.

Die Schüler erreichen eine Stelle, an der man den Weg abkürzen kann, wenn man über ein Geländer steigt und einen kleinen, mit Wurzelwerk überzogenen Abhang hinunterklettert. Im Nu hat Harald das Geländer überwunden und mit drei Sprüngen den Abhang hinter sich gelassen.

Frau Wegener bleibt fast das Herz stehen. „Halt!“ ruft sie erschrocken.

Aber da ist Thomas schon am Geländer. „Wenn der Harald darf . . .“, meint er und macht einen Satz hinüber. Jetzt ist die Klasse nicht mehr zu halten, alle wollen den beiden Jungen nach.

Frau Wegener macht eine resignierende Handbewegung. „Aber seid vorsichtig“, mahnt sie.

Klaus wendet sich ihr zu. „Ich helfe Ihnen, wenn Sie es nicht alleine schaffen.“

Frau Wegener lacht. „Mach dir mal um mich keine Gedanken. So klapprig bin ich noch nicht.“ Sie klettert über das Geländer und tippelt mit kleinen Schritten den Abhang hinunter.

„Ist ja geil“, staunt Konny.

Einer nach dem anderen überwindet jetzt das Hindernis. Hirler, der gleich nach Frau Wegener über das Geländer gestiegen war, gibt Hilfestellung, wo sie benötigt wird. Als alle am Fuß des kleinen Abhangs angelangt sind, erscheint oben am Geländer Andrea.

„Vorsicht, Andrea!“ ruft Hirler und will ihr zu Hilfe eilen.

Aber Andrea lehnt jede Hilfe ab. Ungeschickt klettert sie über das Geländer.

„Mein Gott, stellt die sich an“, höhnt Birgit.

„Bleib, wo du bist!“ schreit Hirler jetzt.

Zu spät. Andrea springt, verfängt sich mit den Füßen im Wurzelwerk und schlägt der Länge nach hin. Regungslos bleibt sie liegen. Hirler und Frau Wegener hasten zu ihr hin.

Frau Wegener kniet neben ihr nieder. „Andrea, Andrea, was ist denn?“

Andrea rührt sich nicht.

„Ich würde sie feste kneifen“, ruft Birgit Frau Wegener ungerührt zu. „Die tut bestimmt nur so.“

Andrea schlägt die Augen auf und sieht Birgit böse an.

„Ich sag's ja“, triumphiert Birgit.

„Hast du mir einen Schrecken eingejagt“, wendet Frau Wegener sich Andrea zu. Hirler hilft ihr beim Aufstehen.

„Ich war wirklich einen Augenblick weg“, sagt Andrea mit schwacher Stimme.

„Meinst du, du schaffst es bis zum Bus?“ erkundigt Hirler sich.

Andrea macht einen Gehversuch. „Ich glaub' schon . . .“

Frau Wegener schüttelt den Kopf. „Mein Gott, wenn ich mir das so richtig vorstelle. Du hättest ja tot sein können.“

Andrea sieht sie mit großen Augen an. Wenn ich jetzt tot wäre, denkt sie verbittert, würde keiner mehr über mich lachen. Dann würde es ihnen leid tun, daß sie so häßlich zu mir gewesen sind.

Auf der Rückfahrt im dunklen Bus sind die Schüler ziemlich ausgelassen. Sie albern herum und singen komische Lieder.

Frau Wegener hat es so eingerichtet, daß sie neben Birgit sitzt und daß sie allein mit ihr sprechen kann, ohne daß ihre Freundinnen sie stören.

„Was ist los mit dir und Andrea?“ fragt sie beiläufig.

„Nichts.“

„Das sieht doch jeder, daß ihr euch nicht mehr leiden könnt. Ihr wart doch mal dicke Freundinnen.“

„Die? Die ist mir völlig schnuppe."

„Ist das wegen der Sache mit dem Park? Weißt du, du mußt es mir nicht erzählen. Aber bevor man sich mit jemandem so verkracht, muß man sich auch überlegen, daß es Kinder gibt, die es schwerer haben als andere."

„Hm", brummt Birgit betont gelangweilt.

„Dir fällt das Leben nicht so schwer, du hast immer Freundinnen. Aber die Andrea braucht jemanden, der ihr hilft."

„Wüßte nicht, wie."

„Willst du sie nicht mal fragen, was mit ihr los ist, statt immer nur auf ihr rumzuhacken? Das wäre doch ein guter Anfang!"

Birgit sieht sie abweisend an und zuckt nur mit den Schultern.

„Ist das denn so schwer?" seufzt Frau Wegener.

Tags darauf läßt Frau Grauf wieder eine Klassenarbeit schreiben. Es herrscht eine bedrückte, von der Aufregung der Schüler bestimmte Atmosphäre im Klassenzimmer.

Andrea sitzt noch immer neben Bärbel. Sie scheint mit der gestellten Aufgabe überhaupt nicht zurechtzukommen. Ihre Verzweiflung wächst. Sie versucht, Kontakte zu ihren Nachbarinnen herzustellen, besonders zu Birgit. Obwohl sie dazu Gelegenheit hätte, lehnt Birgit es ab, Andrea zu helfen.

Andrea will sich an Bärbel wenden, aber in dem Moment fährt Frau Grauf, die sie genau beobachtet hatte, sie an: „Andrea, ich warne dich zum letzten Mal!"

Andrea schrickt zusammen und wagt keinen weiteren Spickversuch mehr.

Auch im Biologieunterricht hat Andrea Pech. Frau Röder, die mit gezücktem Notenbüchlein vor ihr steht, fragt sie gerade ab. „Erst einmal: Wie nennt man das? Da gibt es einen bestimmten Fachausdruck."

Andrea, die offensichtlich keine Ahnung hat, sieht sich hilfesuchend bei ihren Nachbarn um.

Katrin flüstert ihr zu: „Assynthese."

Andrea greift dieses Wort auf wie der Ertrinkende den berühmten Strohhalm und wiederholt laut und deutlich: „Assynthese."

„Falsch!" ruft Frau Röder. „Jetzt bringst du aber alles durcheinander. Wer weiß es? Ja, Klaus?"

„Photosynthese und Assimilation."

„Endlich einmal eine richtige Antwort. Was geschieht bei der Photosynthese und der Assimilation in der Pflanze? Andrea, du bist immer noch dran."

Andrea sieht sie hilflos an.

„Du weißt es nicht?"

Andrea schüttelt den Kopf.

Frau Röder nimmt eine Eintragung in das Notenbüchlein vor. „Fünf. Damit bist du noch gut bedient. Wer kann mir eine Antwort geben? Andreas . . ."

„Durch die Photosynthese und Assimilation der Pflanze werden in der Natur aus anorganischen Stoffen organische aufgebaut."

„Sehr gut, Andreas."

Nach der Deutschstunde, als die meisten Schüler schon in die Pause hinausgerannt sind, winkt Frau Wegener Andrea zu sich. „Bleib mal bitte hier, Andrea."

Andrea nickt.

Frau Wegener wartet, bis der letzte Schüler das Klassenzimmer verlassen hat. „Was ist los mit dir, Andrea?"

Andrea sieht Frau Wegener ängstlich an und zuckt mit den Schultern.

„Du bist in allen Fächern schlechter geworden. Ich hör' nur noch Klagen über dich. Fehlt dir was? Hast du Kummer? Das kannst du mir doch sagen."

Andrea senkt den Blick.

„Macht dir die Schule keinen Spaß mehr? Hast du Krach mit deinen Freundinnen?"

„Weiß nicht."

„Fällt dir das Lernen schwer?"

„Ich tu' doch zu Hause nichts anderes als lernen. Meine Mutter läßt mich keine Minute . . ." Sie hält inne, vielleicht, weil sie nichts Schlechtes über ihre Mutter sagen will.

Frau Wegener versteht sie trotzdem. „Ich hab' den Eindruck, daß du im Moment wirklich überlastet bist. Zuviel lernen ist manchmal auch nicht das Richtige. Möchtest du nicht die 6. Klasse einfach freiwillig wiederholen, da könntest du in aller Ruhe . . .?"

„Nein", platzt Andrea heraus und sieht Frau Wegener flehend an.

„Du bist doch sowieso die Jüngste in der 6b. Da wärst du deine ganzen Sorgen auf einmal los und würdest nichts verlieren."

„Mein Vater erlaubt das nie."

„Warum kommt dein Vater nicht mal zu mir in die Sprechstunde?"

„Der muß doch ins Büro."

„Ach, er wird sich sicher mal freimachen können."
„Außerdem will er nichts mit der Schule zu tun haben."
„Das ist aber merkwürdig."

Im Zeichenunterricht hat Herr Lankes der Klasse die Aufgabe gestellt, eine Collage zum Thema „Sommer" zu gestalten. Die Schüler machen sich mit großer Begeisterung an die Arbeit und schneiden aus Illustrierten Bilder heraus, die sie dann auf größere Zeichenkartons kleben.

Andrea blättert gedankenverloren eine Illustrierte durch. Was sie ausschneidet, hat allerdings nichts mit dem gestellten Thema zu tun: es sind lauter düstere Bilder, auf denen Grabsteine, Fledermäuse oder verunglückte Menschen zu sehen sind. Als sie damit anfängt, die Ausschnitte aufzukleben, schaut Petra zu ihr hinüber und stutzt. Petra macht Christian auf Andrea aufmerksam.

Christian steht auf, geht zu Andrea und sieht ihr über die Schulter. „Das hat was mit November zu tun, mit Totensonntag und so, aber doch nichts mit Sommer . . ."

„Ich kann doch machen, was ich will", antwortet Andrea leise.

„Also, ich weiß nicht."

Lankes ist auf Christian und Andrea aufmerksam geworden. „Was gibt's denn bei euch da hinten?"

Christian zieht Andrea mit einem überraschenden Ruck den Zeichenkarton weg und hält ihn hoch. „Können Sie mir sagen, was das mit Sommer zu tun haben soll?"

Andrea versucht, ihr Werk zurückzuerlangen.

Christian weicht ihr aus.

„Gib Andrea das Blatt zurück", befiehlt Lankes und wendet sich an Andrea. „Vielleicht willst du uns erklären, was das bedeuten soll?“

Andrea schüttelt heftig den Kopf.

„Dann mach mal weiter“, meint Lankes und wendet sich an die übrige Klasse. „Ist denn schon jemand fertig?“

„Ja, ich!“ ruft Susanne.

Lankes geht zu ihr, greift nach ihrem Karton und hält ihn in die Höhe. „Ja, so könnte ich mir den Sommer auch vorstellen.“

Die Schüler geben laut rufend und lachend ihre Kommentare dazu ab.

Andrea ist indessen zum Fenster gegangen. Abwesend starrt sie hinaus. Ihre Augen füllen sich langsam mit Tränen. Was soll ich nur anfangen, denkt sie verzweifelt, keiner mag mich, keiner will mich, und jetzt möchte mich Frau Wegener auch noch aus der Klasse raushaben. Wenn Mutti das erfährt . . .

Frau Grauf gibt die Englisch-Arbeit zurück. Die meisten Schüler haben ihre Hefte bereits erhalten. Sie vergleichen ihre Fehler und reden durcheinander.

Frau Grauf gibt die restlichen Hefte zurück. „Harald, eine Fünf. Monika, leider auch nicht besser. Und bei dir, Jürgen, ist Hopfen und Malz verloren. Sechs.“ Jetzt hat sie nur noch ein Heft in der Hand. „Und das war für mich die größte Enttäuschung. Andrea, Sechs. Eigentlich Acht.“ Sie sieht sich in der Klasse um und kann Andrea nicht entdecken. „Andrea!“

„Fehlt!“ ruft Jan.

Die anderen Schüler sehen sich ebenfalls um. Es scheint ihnen jetzt erst aufzufallen, daß Andrea nicht da ist.

Monika braucht für ihre Monatskarte irgendeinen Stempel von der Schule, den sie sich jetzt im Sekretariat geben lassen will.

Das Sekretariat ist nicht besetzt.

Monika steht einen Augenblick lang unschlüssig herum. Als sie das Sekretariat gerade wieder verlassen will, hört sie durch die angelehnte Tür des Direktorats die Stimme des Schulleiters. „Das ist mir unbegreiflich, Frau Sörgel, ich bin zutiefst erschüttert. Wie ist Andrea überhaupt an die Tabletten gekommen?"

„Ich weiß es nicht", schluchzt Frau Sörgel.

Monika sieht erschrocken zur Tür hin und lauscht atemlos.

Der Direktor fährt nach einer kurzen Pause fort: „Das spielt ja jetzt auch keine Rolle. Sehen Sie, Frau Sörgel, Selbstmord ist etwas Endgültiges, aber der Versuch ist ein Signal. Sie haben jetzt die Chance, herauszufinden, wem dieses Signal gegolten hat . . ."

Während des letzten Satzes ist die Sekretärin zurückgekommen. Monika schrickt hoch.

„Was hast du denn?" fragt sie, aber Monika schüttelt nur den Kopf. Verwirrt stürzt sie aus dem Zimmer. Die Sekretärin sieht ihr kopfschüttelnd nach.

Monika ist von den meisten Schülern der 6b umringt. Überall betretene Gesichter. Monika, die der Klasse gerade von ihrem Erlebnis im Sekretariat berichtet hat, ist den Tränen nahe.

„Spinnst ja", macht Birgit sich jetzt Luft. „Dazu ist die viel zu feige."

„Ich hab's aber genau gehört", murmelt Monika.

„Wie soll sie das denn gemacht haben?" will Katrin wissen.

„Tabletten!"

„Ich glaub' das erst, wenn's in der Zeitung steht", sagt Birgit ungerührt, und Kirsten fährt sie an: „Du bist eine blöde Pute."

„Wenn das stimmt, daß Andrea sich was angetan hat ...", sagt Susanne nachdenklich und sieht Birgit ernst und durchdringend an.

Birgit weicht ihrem Blick aus. „Was glotzt du mich denn so an?"

„Ich wär' an deiner Stelle ganz still", meint Susanne.

„Ja? Und warum?"

„So, wie du Andrea in der letzten Zeit behandelt hast ..."

„Ach, guck mal an. Ich bin schuld? Und wie habt ihr sie behandelt? He? Ihr konntet sie alle nicht leiden!"

Monika, die mit verheulten Augen dasteht, sagt leise: „Das stimmt nicht."

„Natürlich stimmt das nicht", beruhigt Kirsten sie. „Hör gar nicht hin."

„Ich verstehe das nicht", murmelt Monika. „Was hat Andrea sich nur gedacht? Das ist doch keine Lösung. Wenn ich mir das vorstelle, so richtig ... nein, ich könnte das nicht."

In der Klasse wird es still. Die Schüler gehen zu ihren Plätzen, setzen sich und starren vor sich hin.

Frau Wegener kommt in das Klassenzimmer. Sie wundert sich über die Ruhe, sagt aber nichts dazu. Sie setzt sich an ihr Pult und sieht in die Klasse. „Ich muß euch mal was sagen. Wir haben es vielleicht alle nicht so richtig bemerkt, aber die Andrea ... die ist ziemlich krank. Deshalb kommt sie in diesem Schuljahr auch nicht mehr in die Schule. Erst nach den Sommerferien ..."

Während Frau Wegener sprach, haben die Schüler sie zuerst erwartungsvoll, dann abweisend angesehen.

Dagmar unterbricht sie halblaut. „Gemeinheit!"

Frau Wegener sieht sie an. „Was ist gemein?"

Dagmar sieht trotzig vor sich hin.

Thomas meldet sich. „Stimmt es, daß Andrea sich ... umgebracht hat?"

Frau Wegener sieht ihn ernst an. „Wie kommst du denn darauf?"

Thomas druckst herum und guckt in Monikas Richtung.

Monika steht auf. „Ich hab' gehört, wie die Frau Sörgel und der Direktor ..." Sie schluchzt auf und kann nicht weiterreden.

„Ich kann euch beruhigen", sagt Frau Wegener mit einem etwas verkrampften Lächeln. „Andrea hat sich nicht umgebracht."

Die große Spannung der Schüler löst sich bei dieser Mitteilung. Sie müssen sich irgendwie Luft machen und reden durcheinander. Aus dem allgemeinen Tumult heraus ist deutlich Birgits Stimme zu vernehmen. „Dazu wär' die viel zu feige ..."

Frau Wegener sieht Birgit streng an und wendet sich dann an die gesamte Klasse. „Laßt mich bitte mal ausreden! Das Wichtigste kommt erst."

Es wird langsam still in der Klasse, die Schüler sehen erwartungsvoll zu Frau Wegener hin.

„Andrea wollte sich mit Tabletten vergiften ..."

Einige Schüler sind betroffen, andere eher gleichgültig.

Zu letzteren zählt Katrin, die halblaut sagt: „Na ja, sie ist ja rechtzeitig gefunden worden."

„Andrea hat Glück gehabt, das stimmt", fährt Frau Wegener fort. „Sonst wäre sie jetzt tot."

Sie steht auf und geht näher an ihre Schüler heran. „Ich wollte schon lange mal mit euch über dieses Problem reden. Ich könnte mir vorstellen, daß der eine oder andere von euch auch schon mal an so was gedacht hat, wenn ihm alles zuviel war." Sie sieht sich in der Klasse um.

Die meisten Schüler sehen sie betreten und auch etwas neugierig an.

„Da denkt man dann, geschieht meinen Eltern oder meinen Freunden oder meinen Lehrern ganz recht, wenn ich tot bin. Sollen die doch mal sehen, wie das ohne mich ist ..."

Monika und Oliver nicken unwillkürlich, als spreche Frau Wegener Gedanken aus, die sie selbst schon hatten.

„Aber die Rechnung ist falsch, die geht nämlich nicht auf. Man straft nicht die anderen, sondern sich selbst. Könnt ihr euch vorstellen, warum Andrea keinen anderen Ausweg mehr gesehen hat, als Tabletten einzunehmen?"

In der Klasse ist es still, keiner traut sich zu antworten.

„Wirklich, das würde mich interessieren. Ja, Dagmar?"

„Vielleicht, weil sie in der Schule so schlecht ist."

„Quatsch", fährt Jan dazwischen, „ich bin auch schlecht und mach' nicht gleich ..." Er spielt mit einer komischen Geste einen Erhängten und erntet dafür bei einigen Schülern Gelächter.

„Du hast recht, Dagmar", sagt Frau Wegener. „Aber was der Jan sagt, ist auch nicht dumm."

„Na bitte", meint Jan in gespieltem Stolz.

„Gut, Andrea ist also in ihren Leistungen abgesunken. Aber das alleine ..." Frau Wegener schüttelt den Kopf.

„Ihre Mutter meckert immer so fürchterlich, wenn sie 'ne Arbeit verhauen hat", gibt Petra zu bedenken.

„Aha. Aber das tun ja viele Eltern, oder?"

„Kann man wohl sagen", murmelt Klaus, der darin Erfahrungen zu haben scheint.

„Sagt mal, und wer von euch hat denn in der letzten Zeit mit Andrea gespielt? Ich meine nachmittags, außerhalb der Schule. Hat einer von euch sie mal besucht oder sich mit ihr getroffen?"

Die Schüler schweigen schuldbewußt.

Monika meldet sich schließlich. „Wir durften sie ja nicht besuchen. Sie hat immer lernen müssen."

„Seht ihr, sie hat immer lernen müssen! Ich will euch mal ganz ehrlich was sagen: Ich finde, daß ihr es als Schüler heute sehr schwer habt. Morgens wollen wir Lehrer was von euch und mittags stehen die Eltern da und verlangen tolle Noten. Und irgendwann hält dann jemand den Druck nicht mehr aus. Wie die Andrea."

Sie legt eine kleine Pause ein.

„So ein Blödsinn", platzt sie dann heraus, „das müßte doch wirklich nicht sein. Versprecht mir bitte eines: Wenn ihr irgendwelche Schwierigkeiten habt, auch zu Hause, kommt zu mir, ja? Zu mir könnt ihr immer kommen. Es gibt nichts, worüber wir nicht in Ruhe reden könnten. Nicht wahr, Petra?"

Petra nickt lächelnd und denkt daran, wie Frau Wegener ihr geholfen hatte, als die Sache mit Christian passierte.

„Und noch etwas", fährt Frau Wegener fort, „seid ein bißchen freundlicher zueinander, ja? Ihr müßt euch das Leben nicht auch noch gegenseitig schwermachen."

Als Christian und Petra sich später auf den Heimweg machen, gesellt Monika sich zu ihnen.

„Versteht ihr das?“ fragt sie, immer noch betroffen.

„Ich schon“, meint Petra, „die Andrea hat solchen Schiß vor zu Hause.“

„Und dann noch die Scheiß-Zahnspange!“ ergänzt Christian.

„Aber deswegen gleich Tabletten nehmen“, sagt Monika kopfschüttelnd. „Das ist doch keine Lösung . . .“

Sie sagt das eindringlich, als wolle sie sich selbst überzeugen.

Juli

Um es gleich vorweg zu sagen: drei Wochen nach dem verhängnisvollen Ereignis, das so leicht hätte tragisch enden können, traf Monika in der Stadt zufällig Andrea. Sie war sonnengebräunt und machte einen munteren Eindruck. Tags zuvor war sie von einer Griechenlandreise zurückgekommen, die sie mit ihren Eltern unternommen hatte. Aufgeregt berichtete sie nun von ihren Erlebnissen.

Monika konnte kaum Augen und Ohren trauen, so verändert kam Andrea ihr vor. Als Monika sie vorsichtig fragend an das erinnerte, was ihr, Monika, noch immer durch den Kopf ging, Andreas „Dummheit" nämlich, wie wir es einmal nennen wollen, wurde Andrea ganz verlegen. Offenbar wollte sie davon nichts mehr hören, denn sie wechselte schnell das Thema und erzählte, daß sie nach den Sommerferien in eine andere Schule gehen und die 6. Klasse wiederholen würde.

Wieder einige Tage sind vergangen, seit Monika Andrea begegnet ist. Sie hat ihren Mitschülern natürlich davon erzählt; die nahmen Andreas „Genesung" unterschiedlich auf, um dann schnell zur Tagesordnung zurückzukehren. Da das Ende des Schuljahrs unmittelbar bevorsteht, wird sie vor allem von den Anstrengungen der Schüler bestimmt, noch etwas bessere Zeugnisnoten zu erreichen oder ein drohendes Sitzenbleiben abzuwenden. Zu den wackligen Kandidaten gehört auch Monika. In Englisch und Mathe steht sie fast auf Fünf, und alles hängt von den letzten Klassenarbeiten ab. Aber nicht nur für diese Fächer paukt Monika; sie strengt sich bei allen Lehrern mächtig an, um vielleicht eine Fünf ausgleichen zu können.

Es ist ein regelrechter Endspurt; in des Wortes wahrer Bedeutung erweist sich das bei den Bundesjugendspielen. Obwohl sie eigentlich kein sportlicher Typ ist, erreicht sie mit letztem Einsatz die für eine Urkunde erforderliche Punktzahl, das bedeutet nicht mehr und nicht weniger als eine Zwei in Sport.

Wer sich neuerdings überhaupt nicht anstrengt, sich vielmehr in allen Fächern gehen läßt und gar kein Interesse zeigt, das ist Birgit. Meistens starrt sie gedankenverloren vor sich hin, weicht Gesprächen mit ihren Klassenkameraden aus und antwortet nur, wenn es sich gar nicht umgehen läßt. Ihrer Clique ist das natürlich zuerst aufgefallen.

„Was hast du eigentlich in letzter Zeit?" fragt Bärbel sie schließlich.

„Nichts."

„Doch."

„Nein."

„Richtig komisch bist du."

Birgit zuckt nur mit den Schultern und wendet sich ab.

Monika möchte sich vor der letzten Mathematik-Arbeit so eine Art Rückversicherung bei Herrn Doktor Keiper besorgen. Sie paßt ihn vor dem Lehrerzimmer ab und fragt zaghaft: „Kann ich Sie mal kurz sprechen, Herr Dr. Keiper?"

Keiper, der es eilig zu haben scheint und der sich offensichtlich gestört fühlt, antwortet in einem tadelnden Tonfall. „Ich weiß nicht, ob du kannst. Aber du darfst."

Nach dieser Zurechtweisung verliert Monika fast den Mut, ihr eigentliches Anliegen vorzubringen.

„Na, los schon. Was willst du?"

„Ach, wegen Mathe ... mathik“, stottert Monika. „Ich steh' doch zwischen Vier und Fünf ...“

Keiper sieht sie zweifelnd an. „Tatsächlich?“

„Mündlich bin ich doch schon viel besser geworden.“

„Meinst du?“

„Aber Sie haben selbst gesagt ...“

„Ja, ja ... Was ist jetzt?“

„Wenn ich in Mathe 'ne Fünf kriege, bleibe ich sitzen.“

„Das hast du dir selbst zuzuschreiben.“

„Ich wollte ja nur fragen, ob ich vielleicht noch 'ne Vier kriegen kann.“

„Das liegt ganz an dir.“

„Wenn ich die letzte Klassenarbeit nicht verhaue, krieg' ich dann 'ne Vier?“

Keiper denkt nach. Er will sich nicht festlegen. „Noch ist nichts entschieden. Kann durchaus sein. Doch. Ja. Wahrscheinlich.“

Monika sieht ihn glücklich an.

Keiper wendet sich ab, läßt sie stehen und entfernt sich eilenden Schrittes. Die Sohlen seiner Schuhe reiben sich am Kunststoffbelag des Bodens und verursachen quietschende Geräusche.

Als dann die entscheidende Mathematik-Arbeit geschrieben wird, ist Monika guter Dinge. Gleich nachdem sie die Aufgaben überflogen hatte, war ihr klar, daß diesmal eigentlich nichts schiefgehen kann. Sie rechnet eifrig eine Aufgabe nach der anderen, und je weiter sie kommt, desto mehr breitet sich ein wohliges Triumphgefühl in ihr aus.

Ganz anders Birgit: sie sitzt bewegungslos vor ihrem leeren

Heft und brütet dumpf vor sich hin. Katrin hat bereits ein paarmal zu ihr hingeschaut. Jetzt stößt sie sie an. Birgit schreckt aus ihren Gedanken hoch. Katrin deutet mit einem Kopfnicken zu Birgits leerem Heft und sieht sie fragend an. Birgit zuckt abweisend mit den Schultern.

Keiper, der mit seinen quietschenden Schuhsohlen in den Gängen zwischen den Bänken auf und ab gegangen ist, bemerkt die Unruhe bei Katrin und Birgit. „Jeder schaut auf sein Heft!“ fährt er sie an.

„Ist ja schon gut“, murmelt Katrin vor sich hin.

„Wen ich jetzt noch erwische: aus, Sechs!“

In der Klasse wird unwilliges Gemurmel laut.

„Die Zeit ist eh gleich um.“ Er sieht auf seine Uhr. „Noch zwei Minuten ...“

„... bis Buffalo“, ergänzt Konny.

Keiper geht nicht darauf ein. Er sieht sich lauernd in der Klasse um und blickt dann wieder auf seine Uhr. „Wenn ich Schluß sage, legt jeder seinen Schreiber hin und sieht mich an. Noch dreißig Sekunden ... zwanzig ... fünfzehn ... zehn ... fünf, vier, drei, zwei, eins. Schluß!“

Monika schreibt hastig weiter.

Keiper springt mit zwei Sätzen zu ihr und reißt ihr das Heft aus der Hand. „Das gilt auch für dich!“

Er sammelt die übrigen Hefte ein und verläßt das Klassenzimmer.

Die Schüler gehen nicht gleich in die Pause, sondern vergleichen erst noch die Ergebnisse.

„Was kommt bei der ersten Aufgabe raus?“ fragt Monika aufgeregt.

„Gruppe A oder B?“ fragt Thomas.

„A."

„Siebzehn Komma fünf", kommt es von Klaus wie aus der Pistole geschossen.

„Ehrlich?" meint Monika kleinlaut. „Da hab' ich zwölf Komma acht."

„Nee, siebzehn Komma fünf stimmt schon", bestätigt Christian.

Monika ist enttäuscht, und sie ärgert sich. Ängstlich fragt sie: „Und in der zweiten? Achtdreiviertel, ja?"

„Falsch", ruft Klaus schadenfroh, „fünfeinsiebtel."

„O je", seufzt Monika.

Klaus reißt ihr den Zettel aus der Hand, auf dem sie ihre Ergebnisse notiert hat, und überfliegt ihn. „Herzliches Beileid", meint er dann, „das ist ja alles falsch."

Monika sieht ihn entgeistert an.

Klaus grinst über das ganze Gesicht.

Nach dem Unterricht holt Birgit ihr Rad aus dem Fahrradkeller und schiebt es nach oben. Dort versperren ihr Bärbel und Katrin den Weg mit ihren Rädern.

„Warum machst du denn so was?" fährt Katrin sie an. „Einfach ein leeres Heft abgeben? Das gibt 'ne Sechs."

„Na und?"

„Na und? Na und?" macht Bärbel sie nach.

„Kann dir doch egal sein."

„Ist mir ja auch egal. Schnurzpiepsegal."

„Und deine Zwei in Mathe ist auch flöten", ergänzt Katrin die Worte von Bärbel.

„Scheiß-Zwei in Mathe", erwidert Birgit tonlos. „Laßt mich zufrieden, bitte."

Bärbel und Katrin geben ihr den Weg frei. „Das gnädige Fräulein braucht uns wohl nicht mehr", sagt Bärbel herausfordernd, und Katrin fügt hinzu: „Hat wohl besseren Umgang ..."

Birgit bleibt stehen und sieht die beiden Mädchen traurig an. „Ihr seid gemein."

„Ach ja?" fragt Katrin. „Und wie behandelst du uns die ganze Zeit? Als ob wir Luft wären."

Birgits Augen füllen sich mit Tränen.

„Was ist denn?" fragt Bärbel erschrocken.

Birgit schluchzt auf. „Meine Eltern lassen sich scheiden. So, jetzt wißt ihr es ..." Als schäme sie sich ihrer Tränen, wendet sie sich ab, steigt auf ihr Rad und fährt davon.

Bärbel und Katrin sehen sich betroffen an. „Mist", meint Katrin dann, und Bärbel fordert sie auf: „Los komm ..." Sie springen auf ihre Räder und rasen hinter Birgit her. „Warte doch!" ruft Katrin ihr nach, und Bärbel unterstützt sie: „He, Birgit ... Birgit!"

Aber Birgit denkt nicht daran zu warten.

Bärbel und Katrin bleiben immer mehr zurück und geben die Verfolgung schließlich auf.

Keiper muß eine Nachtschicht eingelegt haben, denn bereits einen Tag später steht er mit der korrigierten Mathe-Arbeit vor der Klasse.

Im Klassenzimmer ist es mucksmäuschenstill.

Keiper nimmt das oberste Heft vom Stapel. „Zunächst einmal ..." Er geht zu Birgit und knallt ihr das Heft auf den Tisch. „Was hast du dir dabei gedacht? Ein leeres Heft abzugeben?"

„Ich ...“, stammelt Birgit und denkt: Eher beiß’ ich mir die Zunge ab, als daß ich sage, weshalb ich das gemacht habe.

„Eine Frechheit ist das“, fährt Keiper fort.

Birgit betrachtet ihn lauernd. Ob der seine Frau und seine Kinder auch eines Tages im Stich läßt und einfach auf und davon geht? überlegt sie.

„Die war doch krank“, ruft Katrin dazwischen.

„Stimmt das?“

Birgit sieht ihn nur groß an.

Katrin antwortet an ihrer Stelle. „Ja, das kann ich beschwören. Kopfschmerzen und ganz schwindlig war ihr ...“

Birgit sieht Katrin dankbar an.

„Ist das wahr?“ fragt Keiper.

„Ja“, antwortet Birgit leise.

„Und warum hast du das nicht gleich gesagt?“

„Hat sich nicht getraut“, mischt Bärbel sich ein.

„Verdammt noch mal, ich rede mit *dir*, Birgit! Kannst du nicht antworten?“

„Doch. Es stimmt, was Bärbel gesagt hat.“

Keiper geht zum Pult zurück. „Das ist natürlich was anderes. Deine Arbeit wird nicht gewertet.“

„Danke ...“ sagt Birgit leise.

„Und jetzt weiter im Text. Klaus, du hast die beste Arbeit geschrieben, weiter so. Thomas, auch noch eine Eins. Andreas ... und da wären wir auch schon bei den Zweien ... Kirsten, gut so, Susanne ... Christian ... so, und das waren die Zweien. Die Dreien haben ... Konny ... Bärbel ... Michael ... Dagmar ... und, gerade noch ... Jürgen. So, und jetzt wird’s langsam brenzlig ...“

„Pingelig ...", echot Konny.

„Was?"

„Nichts."

„Dann halt auch deinen Mund, Konny. Katrin ... Vier ... Petra ebenfalls ... Monika auch noch ..."

Monika, die die ganze Zeit verkrampft dagesessen und Keiper ängstlich angestarrt hatte, springt auf. „Juhu!" ruft sie glücklich.

Keiper sieht sie entgeistert an und schüttelt den Kopf. „Oliver", fährt er fort, „Fünf, aber noch 'ne gute Fünf. Bernd, Fünf."

„Ne gute?" will Konny wissen.

„Nein, eine ganz normale Fünf. Harald ... Fünf ..."

Er wendet sich Jan zu.

„Jan, Sechs", kommt dieser Herrn Keiper zuvor.

„Du hättest Hellseher werden sollen", meint Keiper und gibt ihm sein Heft.

Als die Schulglocke läutet, reden die Schüler gleich wild durcheinander.

Klaus geht zu Monika. „Du hattest doch alles falsch. Wieso hast du dann 'ne Vier?" Er nimmt ihr das Heft weg und schlägt es auf. Viele rote Anstriche sind da zu sehen. „Au weh ...", ruft Klaus aus.

„Gib her, los!" Monika reißt ihm das Heft aus der Hand. „Geht dich überhaupt nichts an."

Klaus lacht überheblich und dreht sich um. Unvermittelt steht er Keiper gegenüber.

„Zufrieden mit deiner Arbeit?" fragt der.

„Klar."

„Dann streng dich mal im nächsten Jahr von Anfang an an. Vielleicht kriegst du dann im Zeugnis auch mal ’ne Eins.“

„Krieg’ ich jetzt keine?“

„Wohl kaum“, sagt Keiper, wendet sich um und verläßt die Klasse.

Klaus läuft ihm nach. Monika schließt sich Klaus an. Im Korridor holen sie ihn ein.

„Ich hab’ im letzten Halbjahr aber fast nur Einsen geschrieben“, empört Klaus sich, „und die eine Zwei war die beste Arbeit.“

„Und im ersten Halbjahr nur Zweien, bis auf eine Eins. Ich hab’ dir ja gesagt, streng dich von Anfang an an ...“

„Das ist ungerecht! Mein Vater hat gesagt, Sie müssen mir eine Eins geben, wenn ich ...“

„Es interessiert mich nicht, was dein Vater meint“, unterbricht Keiper ihn und bemerkt, daß Monika an seiner anderen Seite läuft. „Und was willst du?“ herrscht er sie an.

„Ich wollte nur fragen, krieg’ ich jetzt im Zeugnis eine Vier?“

„Glaube schon“, entgegnet Keiper kurz angebunden.

„Was?!“ platzt Klaus heraus. „Die kriegt ’ne Vier? Also, wenn Sie der ’ne Vier geben, müssen Sie mir ’ne Eins mit Stern geben.“

„Jetzt werde nur nicht unverschämt! In meine Notengebung lass’ ich mir von niemand reinreden.“

Keiper hat das Lehrerzimmer erreicht und verschwindet hinter der „schützenden“ Tür.

Monika strahlt über das ganze Gesicht.

Klaus ist wütend.

Im Pausenhof umringen viele aus der Klasse 6b Monika. Sie strahlt noch immer über das ganze Gesicht.

„Ehrlich, 'ne Vier?" fragt Dagmar.

Monika nickt.

„Herzlichen Glückwunsch", meint Kirsten, und Susanne erkundigt sich: „Steht das jetzt fest, daß du durchkommst?"

„Ja. Mit Vier in Mathe auf jeden Fall. Bin ich froh!"

„Und was ist mit Englisch?" will Andreas wissen. „Stehst du da nicht auch wacklig?"

„Na ja, so zwischen Vier und Fünf . . ."

„Eher Fünf", zieht Jürgen sie auf.

„Und wenn? *Eine* Fünf kann ich mir leisten. Ich hab' ja genug Zweien in den Nebenfächern zum Ausgleichen, und die Drei in Deutsch . . ."

„Ach was, so schlimm ist das Sitzenbleiben auch nicht", ruft Jan dazwischen.

„Kommt drauf an, was die Eltern dazu sagen", weist Monika ihn zurecht. „Und meine . . . Mensch, die würden einen Terror machen."

„Versteh' ich nicht", sagt Harald überheblich.

„Komm, tu nicht so. Du mit deinem Alten . . .", entgegnet Christian ihm.

Andreas wendet sich Harald zu. „Wie ist das eigentlich? Mußt du von der Schule runter, wenn du jetzt noch mal sitzenbleibst?"

„Erstens bleib' ich nicht sitzen, und zweitens geh' ich sowieso in ein Internat."

„Ach, so ist das . . ."

Kirsten raunt Susanne zu: „Komm, ich kann diese Rederei über Noten nicht mehr hören."

„Geht mir genauso." Die beiden Mädchen entfernen sich von ihren Klassenkameraden.

„Was ist eigentlich mit deinem Pony?" fragt Kirsten.

„In den Sommerferien krieg' ich's. Hat mein Vater fest versprochen."

„Verreist ihr denn nicht?"

„Geht doch nicht", sagt Susanne traurig. „Meine Eltern können den Betrieb schlecht allein lassen."

„Stimmt ja", nickt Kirsten und fährt nach einer kleinen Pause fort: „Ich fahre mit meiner Mutter in die Bretagne. Da waren wir schon ein paarmal."

„Die ganzen Ferien über?"

„Hm."

„Schade. Ich hätte dir so gerne mein Pony vorgeführt."

„Das kannst du nach den Ferien immer noch machen."

Inzwischen rumort es in Klaus. Die Vorstellung, daß er nur eine Zwei im Zeugnis bekommen soll, Monika hingegen noch eine Vier, läßt ihm keine Ruhe. Während seine Mitschüler noch im Pausenhof diskutieren, schleicht er sich ins Klassenzimmer zurück. Er kramt in Monikas Schultasche herum und zieht schließlich das Matheheft heraus. Er steckt es in sein Hemd. Dann verläßt er eilig das Klassenzimmer und huscht in die Jungentoilette, wo er Monikas Heft aufschlägt und gewissenhaft Aufgabe für Aufgabe nachrechnet.

Die Schulglocke läutet.

Klaus kümmert sich nicht darum, sondern rechnet weiter. Als er schließlich fertig ist, liegt ein zufriedenes Grinsen auf seinem Gesicht. Er geht zum Lehrerzimmer und läßt sich von einem Lehrer Herrn Doktor Keiper herausschicken.

„Sie haben bei Monikas Arbeit Fehler übersehen!“ sagt er ihm triumphierend mitten ins Gesicht.

Keiper schüttelt den Kopf. „Das kann ich mir nicht vorstellen.“

Klaus schlägt Monikas Heft auf und hält es Keiper hin. „Hier, ich hab' alles nachgerechnet.“

Keiper nimmt ihm das Heft aus der Hand. Klaus stellt sich neben ihn und deutet in das Heft. „Da ist ein Fehler, und da noch einer. Die heben sich gegenseitig auf, so daß Monikas Zwischenergebnis richtig ist, obwohl der ganze Ansatz falsch ist.“

Keiper sieht Klaus nachdenklich an und schüttelt ein wenig fassungslos den Kopf. „Was versprichst du dir eigentlich davon?“

Klaus weicht seinem Blick nicht aus. „Ich will nur, daß es gerecht zugeht.“

„Was du dir so unter Gerechtigkeit vorstellst . . .“

Keiper holt Monika aus dem Englischunterricht und führt sie auf den Korridor, wo Klaus bereits wartet.

„Warum hast du um Gottes willen Klaus dein Arbeitsheft gegeben?“ fährt er sie an.

„Ich hab' mein Heft niemand gegeben. Das ist noch in meiner Mappe“, sagt Monika erstaunt.

Keiper sieht Klaus durchdringend an.

Klaus windet sich unter dem Blick des Lehrers.

„Aha, so ist das.“

„Was ist mit meinem Heft?“ will Monika jetzt wissen.

„Klaus hat es für nötig gehalten, meine Korrektur nachzuprüfen. Hier, sieh selbst . . .“ Er zeigt ihr das Heft. „Da hab' ich was übersehen, und da auch . . .“

Monika sieht Keiper erschrocken an. „Heißt das, ich hab' die Arbeit doch verhauen?"

„Natürlich. Das heißt, ich hab's nicht bemerkt und jetzt darf ich die Note nicht mehr ändern."

„Und geben Sie mir im Zeugnis jetzt doch eine Fünf?"

Keiper antwortet nicht. Er zuckt nur mit den Schultern, was für Monika Bestätigung genug ist. Sie fängt an zu weinen.

„An deiner Stelle würde ich mich schämen", raunt Keiper Klaus verächtlich zu, bevor er sich abwendet und davongeht.

Das miese Verhalten von Klaus spricht sich schnell in der Klasse herum, und es gibt keinen Schüler, der es auch nur irgendwie und von fern billigen würde.

Vor der Turnstunde im Umkleideraum nehmen sich die Jungen aus der 6b den Klaus einmal ordentlich vor. Sie schubsen ihn herum, und Klaus hat mächtig Angst, verprügelt zu werden. Schließlich hat man ihn in eine Ecke gedrängt, und er kann weder vor noch zurück.

Ängstlich hebt er seine Arme abwehrend in die Höhe, um sein Gesicht vor möglichen Schlägen zu schützen. Die aber bleiben aus.

„Du kommst hier nicht raus", fährt Thomas ihn an, „bevor du uns nicht klipp und klar gesagt hast, warum du so was machst."

„Lebend kommst du hier sowieso nicht raus", fügt Harald drohend hinzu.

„Also, was ist?" hilft Christian ihm auf die Sprünge.

„Ich dachte, der Keiper gibt mir dann doch noch 'ne Eins", stößt Klaus schließlich hervor.

„Du Riesenarschloch", läßt Oliver sich vernehmen, und

Michael sagt vorwurfsvoll: „Mensch, Eins oder Zwei, das ist doch egal. Mit 'ner Zwei kann man auch prima leben. Aber die Monika, die hat jetzt die Fünf weg ..."

„Und mit der kann man nicht mehr leben", fährt Konny fort.

„Ihr habt ja keine Ahnung!" brüllt Klaus plötzlich los.

„Auch noch frech werden", herrscht Bernd ihn an und boxt ihn gegen den Oberarm.

Klaus wird wütend und tobt los. „Ihr habt ja keine Ahnung, wie mein Vater ist! Der erwartet von mir in Mathe 'ne Eins. Wenn ich jetzt wieder mit 'ner Zwei ankomme, ist der beleidigt und redet die ganzen Ferien über kein Wort mit mir!"

Es wird auf einmal ganz still im Umkleideraum. Die Jungen sehen Klaus an, als würden sie ihn hier und heute zum ersten Mal sehen. Einigen beginnt es zu dämmern, daß Klaus ganz schön arm dran sein muß.

„Das mit Monika tut mir leid", sagt Klaus kleinlaut. „Das wollte ich nicht. Wirklich ..."

In die Stille hinein platzt Herr Schmidt, der Turnlehrer. „Wo bleibt ihr denn? Die Stunde hat längst begonnen. Wir laufen zum Sportplatz ... Und eins und zwei und drei und vier ..."

Er macht Laufschritte, bleibt aber auf der Stelle.

Die Jungen formieren sich. Schmidt läuft los und die Jungen folgen.

Die Nachricht von der „Affäre" um Klaus' und Monikas Zeugnisse hat natürlich auch bei den Lehrern die Runde gemacht und ist heftig diskutiert worden. Alle wissen jetzt, daß

Monika die letzte, entscheidende Mathe-Arbeit verhauen hat und daß Keiper bei der Notengebung eigentlich die Hände gebunden sind.

Als Thomas Frau Wegener vor der ganzen Klasse fragt, ob man denn gar nichts mehr ändern könne, seufzt sie auf: „Ich wüßte nicht, wie."

„Wenn Herr Doktor Keiper so tut, als hätte Klaus ihm nicht . . .", schlägt Thomas vor, aber Frau Wegener schüttelt den Kopf. „Doch nicht, wenn so was schon an der großen Glocke hängt."

„Also dann . . . bleibt Monika sitzen?"

Monika sieht Frau Wegener flehend an.

Frau Wegener weicht ihrem Blick aus. „Ich weiß es wirklich nicht. Darüber wird man bei der Zeugniskonferenz zu reden haben . . ."

Nach Schulschluß begleitet Monika Christian und Petra auf dem Heimweg. Die drei gehen eine Weile stumm nebeneinander her. Petra und Christian wären viel lieber alleine. Petra wendet sich schließlich Monika zu. „Ich würde mir an deiner Stelle nicht so viele Gedanken machen."

Monika verzieht ihr Gesicht. „Das kannst du leicht sagen."

„Ist doch noch nichts entschieden", versucht Christian sie zu beruhigen, „das hat die Wegener selbst gesagt."

„Ich kann doch zwei und zwei zusammenzählen", sagt Monika hoffnungslos.

Die Woche bis zur Zeugnisausgabe zieht sich für Monika qualvoll hin. Sie schwankt zwischen Hoffen und Bangen und rechnet im Grunde doch mit dem Schlimmsten.

Endlich ist der Tag da, an dem sich alles entscheidet. In der

Klasse herrscht eine merkwürdige Stimmung, die von der Aufregung vor den Zeugnissen und der Vorfreude auf die Sommerferien geprägt ist. Einige Schüler toben herum wie üblich, andere sitzen da und unterhalten sich mit dem Nachbarn. Wieder andere sind still in sich gekehrt. Zu ihnen gehört Monika; sie ist ganz bleich vor Aufregung.

Jan kommt in die Klasse und schwenkt seinen „blauen Brief", der ihm schon tags zuvor mit der Post zugestellt worden ist – oder vielmehr seinen Eltern. „Nicht versetzt!" ruft er fröhlich.

„Warum kommst du dann überhaupt noch?" fragt Konny ihn.

„Ich muß doch sehen, ob ich der einzige bin." Er geht zu Monika.

„Hast du keinen blauen Brief gekriegt?"

Monika sieht ihn ängstlich an und schüttelt den Kopf.

„Gratuliere, dann bleibst du auch nicht kleben", sagt Jan ein bißchen neidisch. „Meiner ist gestern gekommen, hier . . ." Er hält ihr das Papier vor die Nase.

„Meiner ist nur noch nicht angekommen. Das hatten wir schon mal. Da ist eine Woche lang keine Post bei uns ausgeliefert worden. Irgendein Irrtum . . ."

„Du spinnst wirklich."

Monika zuckt nervös mit dem Gesicht, stützt dann den Kopf in beide Hände und starrt auf die Bank.

Jan zeigt seinen blauen Brief stolz wie eine Auszeichnung herum.

Susanne geht an Monikas Bank vorbei zu Birgit. „Stimmt das, du bleibst in den Ferien auch zu Hause?"

„Warum?" fragt Birgit vorsichtig zurück.

„Ich bleib' auch da. Wollen wir uns nicht mal treffen?"

„Wenn du willst", sagt Birgit eher gleichgültig. Wieso ist die auf einmal so nett zu mir? denkt sie. Da steckt doch irgendwas dahinter. Wo ich immer so häßlich zu ihr war.

„Du, ich muß dir was sagen", fährt Susanne aufgeregt fort. „Ich krieg' ein Pony."

Sofort vergißt Birgit ihre Vorbehalte. „Echt?" fragt sie mit plötzlich erwachendem Interesse.

„Ja."

„Richtig eins zum Reiten?"

„Ja. Nächste Woche. Dienstag. Wir haben draußen 'ne Koppel gepachtet."

Birgit bekommt glänzende Augen. „Toll. Meinst du, ich darf auch mal ..."

„Klar. Deshalb frag' ich doch. Wann sehen wir uns?"

„Am besten, du gibst mir deine Telefonnummer."

„Gerne. Gib mir deine auch gleich."

Die Mädchen schreiben ihre Telefonnummern auf.

Hätt' ich geahnt, denkt Birgit, daß die so nett ist, hätt' ich ja auch schon früher mit ihr Freundschaft schließen können.

Ein paar Bänke weiter unterhalten sich Thomas und Andreas über ihre Ferienpläne.

„Kannst du überhaupt Wasserski?" fragt Andreas gerade.

„Klar", protzt Thomas, „hab' ich doch letztes Jahr schon gekonnt."

„Das ist nichts für mich."

„In den Bergen kann man ja auch nicht Wasserski laufen."

„Gott sei Dank!"

„Und was machst du da den ganzen Tag?"

„Lesen, was sonst?"

„Dazu muß man aber nicht in die Berge fahren."
„Ich will ja auch nicht. Aber meine Eltern."
Konny hat sich derweil zu Michael gesellt. „Ich freu' mich schon auf Griechenland!"
„Da kannst du endlich reden, wie dir der Schnabel gewachsen ist."
„Mein Schnabel ist deutsch gewachsen", sagt Konny und plustert sich ein wenig auf.
„Zwielichtig", lacht Michael.
Jan, der geschaut hatte, wo Frau Wegener abgeblieben ist, kommt in die Klasse geflitzt.
Frau Wegener folgt ihm auf den Fersen. „Achtung, sie kommt!" ruft sie, bevor Jan diese Warnung hervorbringen kann.
Einige Schüler lachen.
Frau Wegener wendet sich an Jan. „Du hast dein Zeugnis doch schon, Jan. Warum bist du dann noch gekommen?"
„Och . . . ich wollte das hier bis zur letzten Sekunde auskosten."
„Freut mich, daß du es mit Humor trägst", meint Frau Wegener lächelnd. „Willst du dich nicht setzen?"
„Nein, ich bin schon sitzengeblieben."
„Dann bleib halt stehen."
Jan setzt sich. „Ich will mal nicht so sein, am letzten Tag . . ."
Frau Wegener wendet sich an die Klasse. „Ich will euch nicht lange auf die Folter spannen . . ."
Sie geht zu ihrem Pult und holt aus ihrer Mappe die Zeugnisse hervor. Dann setzt sie sich. „Ich rufe euch jetzt dem Al-

phabet nach auf, und ihr holt eure Zeugnisse bei mir ab ... Monika Andert ..."

Monika steht auf und geht zögernd zu Frau Wegener.

Frau Wegener reicht ihr das Zeugnis.

Monika sieht auf das Blatt, als erwarte sie nichts Gutes. Plötzlich erhellt sich ihre Miene. „Versetzt! Juhu, ich bin wirklich versetzt!" jubelt sie.

Frau Wegener lächelt. „Ja, du hast noch mal Glück gehabt."

„Hat der Keiper dir 'ne Vier gegeben?" erkundigt Klaus sich.

„Nein, aber Frau Grauf ..."

„Na, Klaus", meint Frau Wegener, „dir ist jetzt wohl auch ein Stein vom Herzen gefallen?"

„Boing", macht Konny, und Klaus nickt.

Frau Wegener wendet sich wieder an Monika. „Du wirst dich im nächsten Schuljahr gewaltig anstrengen müssen, Monika, wenn du nicht wieder in solch eine Situation geraten willst."

„Das verspreche ich Ihnen", versichert Monika zuversichtlich.

„Warten wir es ab. Was ich Monika gesagt habe, gilt auch für einige andere. Es gibt da noch ein paar wacklige Kandidaten. So, jetzt geht es weiter. Petra Bredel ..."

Petra geht nach vorne und holt ihr Zeugnis ab. Während sie zu ihrem Platz zurückgeht, überfliegt sie es kurz und lächelt zufrieden.

„Harald Eilers", ruft Frau Wegener jetzt.

Als Harald sein Zeugnis in Empfang genommen hat, meint Frau Wegener noch: „Alles Gute im Internat, Harald."

„Danke, ich werd' mich schon zurechtfinden."

„Daran zweifle ich nicht. So, und jetzt kommt Konstandinos Florakos ..."

„Konny heiße ich."

„Ja, ja, unser zwielichtiger Konny ..."

Frau Wegener lächelt.

Die Aufrufe gehen weiter, bis jeder sein Zeugnis erhalten hat.

„Das wär's", sagt Frau Wegener dann. „Bleibt mir nur noch, euch wunderschöne Ferien zu wünschen. Erholt euch gut von all den Strapazen und kommt gesund wieder ..."

Das Schuljahr ist um, und damit enden auch die *Schülergeschichten*. Wäre noch nachzutragen, daß Herr Rebele, der Hausmeister, sich an diesem Abend aufatmend in seinen Sessel fallen läßt und sich unbändig auf eine Zeit der Ruhe und des Friedens freut, die ihm in den kommenden sechs Wochen bevorsteht.